命僕夫而就駕
吾將歸乎東路

《唐三彩：文官俑》

"sancai" tomb figure

地点 \ 中国河南洛阳
时间 \ 728 年
材料 \ 陶、三彩
尺寸 \ 高 109 厘米，宽 27 厘米

这件三彩俑据传自于公元 728 年去世的将军刘廷训的墓。大英博物馆收藏的这组彩俑包括两个镇墓兽、一位天王、一位武士、两名文官、两匹马、两匹骆驼和三名牵夫。它们都被放在主墓室的入口处或墓室内。从汉朝开始，中国的陵墓中就开始设置陵墓守护者，它们是专门为保护墓主人免遭盗墓者侵扰的。

这一尊文官俑头戴进贤冠，面目清秀，表情平和。身穿圆折窄领宽袖袍，双手环拢于胸前，足登云履，立于台座纸上。

唐三彩，盛行于中国唐代（公元 618—907 年），是一种低温釉彩陶器，釉彩以黄、绿、白三色为主，由此得名。因为唐三彩最早、最多出土于河南洛阳，所以也称为"洛阳唐三彩"。三彩釉中含有各种金属的氧化物，如铁、锌、铜、钴和锰。在烧制过程中，这些颜色变成了丰富的黄色、绿色、棕色和蓝色。这些守墓人和镇墓兽造型逼真传神，墓室中通常还会有儒家官员装扮的人偶，他们的功能是向冥司报告亡者的功过。

《金刚波若波罗蜜经册》

Chinese Diamond Sutra

地点 \ 敦煌莫高窟第 17 窟
时间 \ 约 851—950 年
材料 \ 纸本
尺寸 \ 14.30 厘米 × 10 厘米

这套《金刚波若波罗蜜经册》是大约 9 世纪前中叶至 10 世纪中叶完成的佛经经典《金刚波若波罗蜜经》的手抄本，属于敦煌遗书中的手抄本写经。敦煌遗书又称敦煌文书、敦煌写本，是对 1900 年发现于敦煌莫高窟 17 号洞窟中的一批书籍的总称，主要是 4 到 11 世纪的古写本和印本。敦煌遗书中绝大部分是佛教文献，此外还包括道教经典、传统经史子集、通俗文学、医书、史地著作等。目前，存世敦煌遗书的总数大约是五万至六万号左右。其中北京图书馆收藏一万六千余号左右，英国大英图书馆收藏一万六千余号，俄罗斯圣彼得堡东方研究所（苏联彼得格勒亚洲民族研究所）收藏一万九千余号左右，法国国家图书馆收藏约六千多号，日本公私各单位所藏数量约一千号左右，国内公私各单位所藏数量大约在两千至三千之间，西欧、北美还有一些国家也有少量收藏。以这些敦煌文献为基础而发展出来的各类学术研究构成了蔚为壮观的"敦煌学"。

《金刚波若波罗蜜经》简称《金刚经》，是佛教大乘经典之一，以佛陀与弟子舍利子的对话记录为主要内容，强调了空性、无我和菩萨的修行，解释了生死、苦、空、色等佛法要义，被认为是大乘佛教教义的核心之一。此经以喻法为名，实相为体，无住为宗，断疑为用，大乘为教相。金刚有"尖、利、明"的特性，意为"能破一切（烦恼障碍），而不能为一切（烦恼障碍）所破"；波若意为"智慧"；波罗蜜意为"到彼岸"；金刚波若波罗蜜就是以能断金刚、无坚不摧、冲破阻力的智慧到达彼岸。

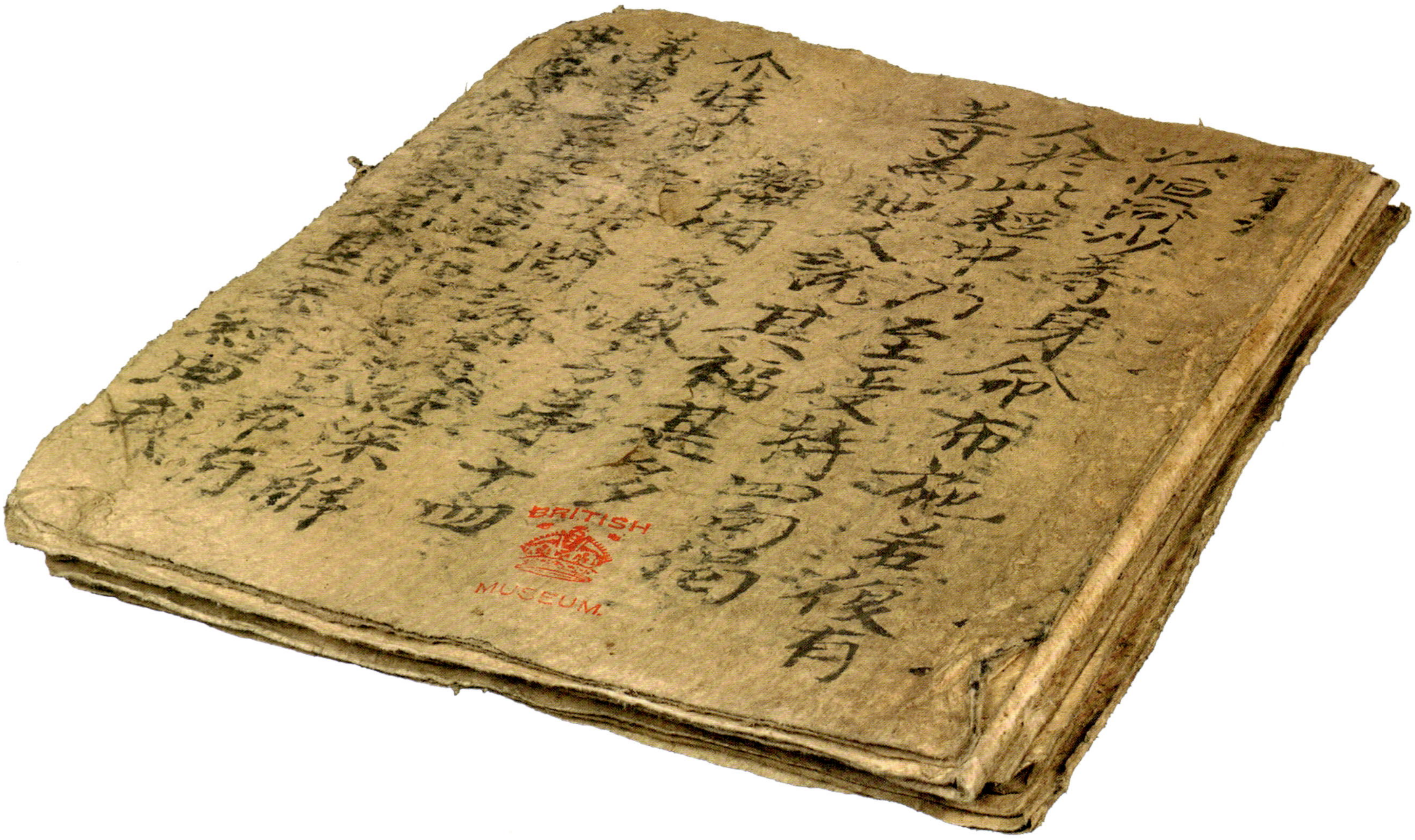

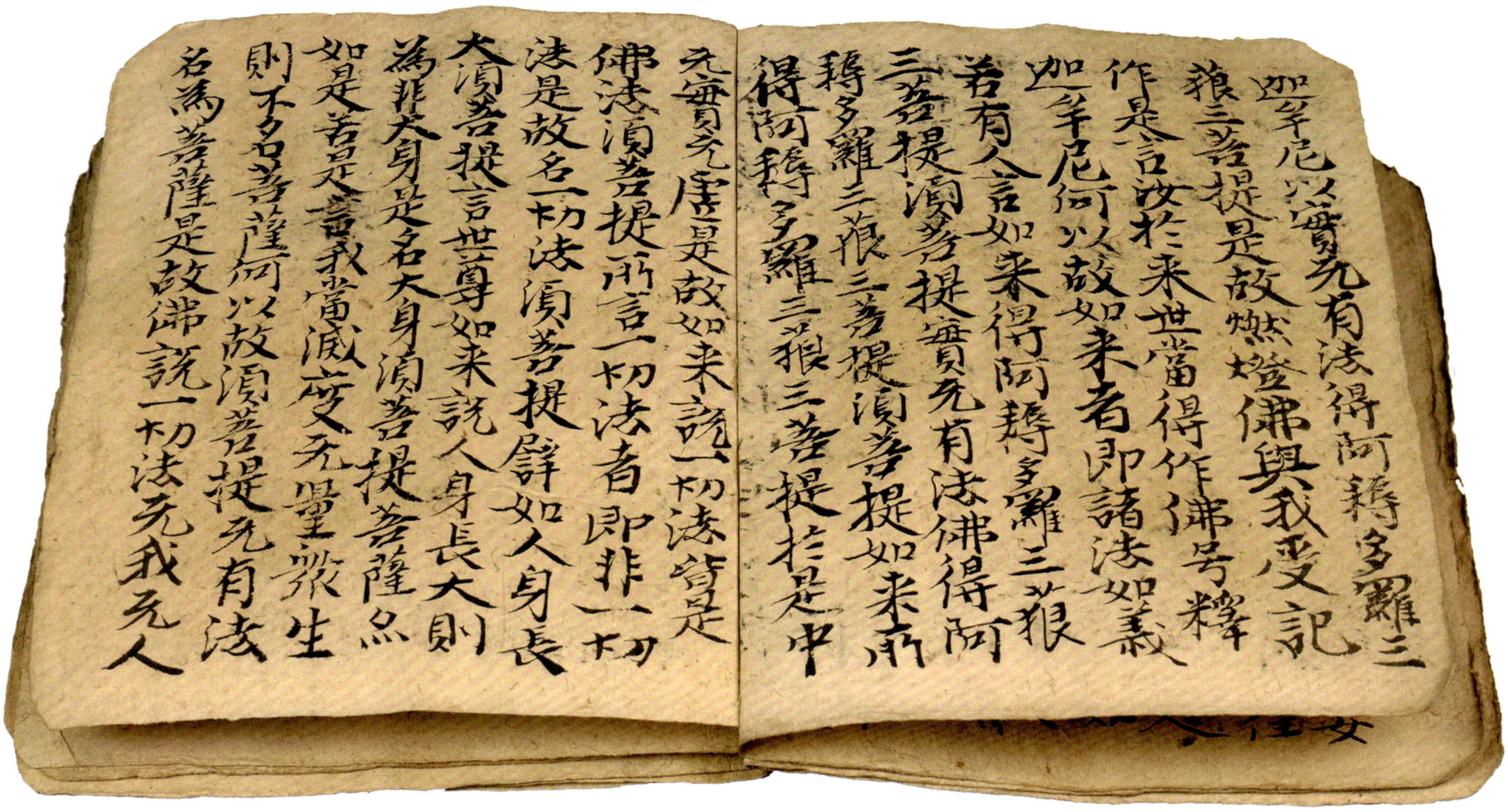

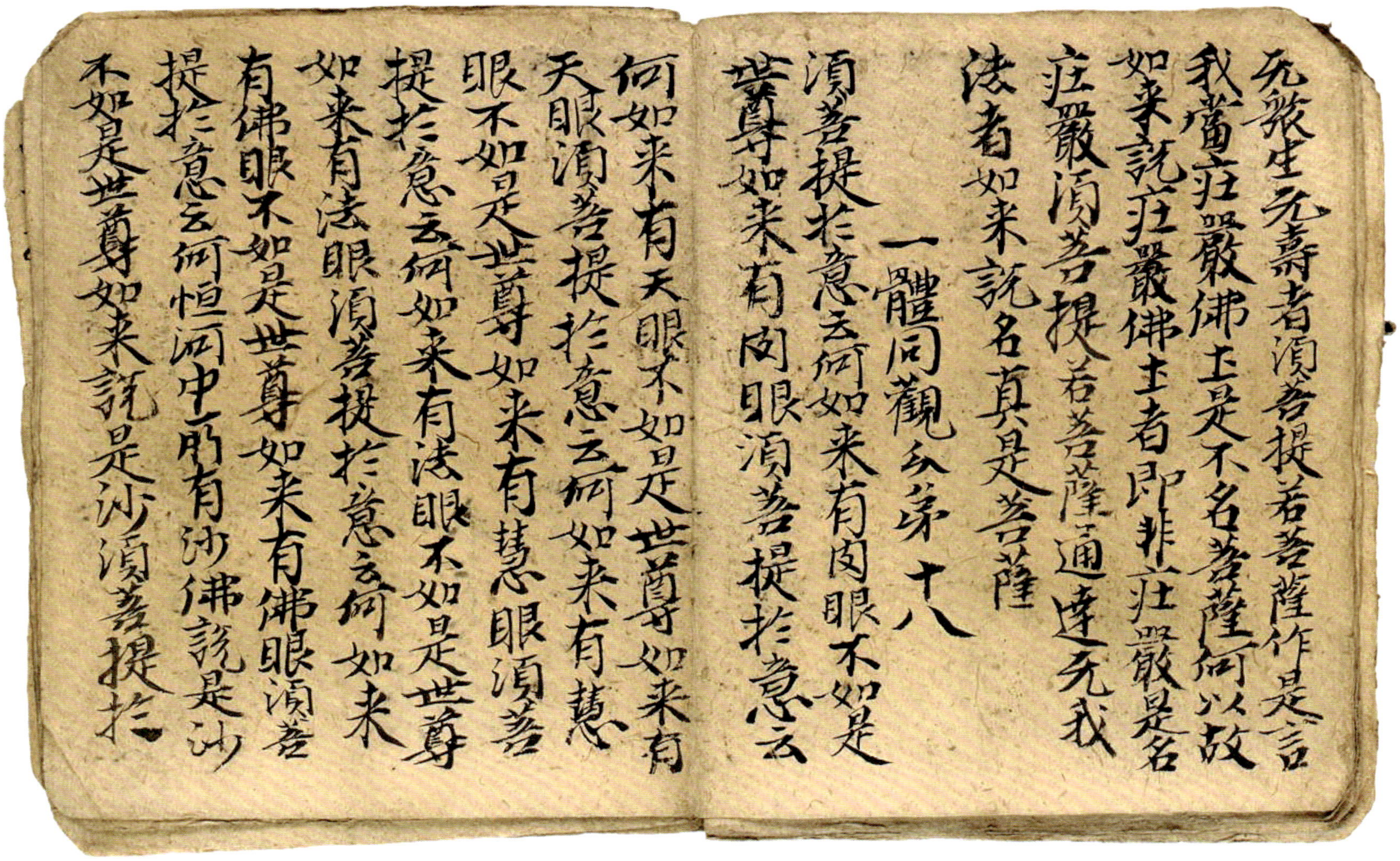
无衆生无壽者須菩提若菩薩作是言
我當荘嚴佛土是不名菩薩何以故
如来説荘嚴佛土者即非荘嚴是名
荘嚴須菩提若菩薩通達无我
法者如来説名真是菩薩

一體同觀分第十八

須菩提於意云何如来有肉眼不如是
世尊如来有肉眼須菩提於意云
何如来有天眼不如是世尊如来有
天眼須菩提於意云何如来有慧
眼不如是世尊如来有慧眼須菩
提於意云何如来有法眼不如是世尊
如来有法眼須菩提於意云何如来
有佛眼不如是世尊如来有佛眼須菩
提於意云何恒河中所有沙佛説是沙
不如是世尊如来説是沙須菩提於

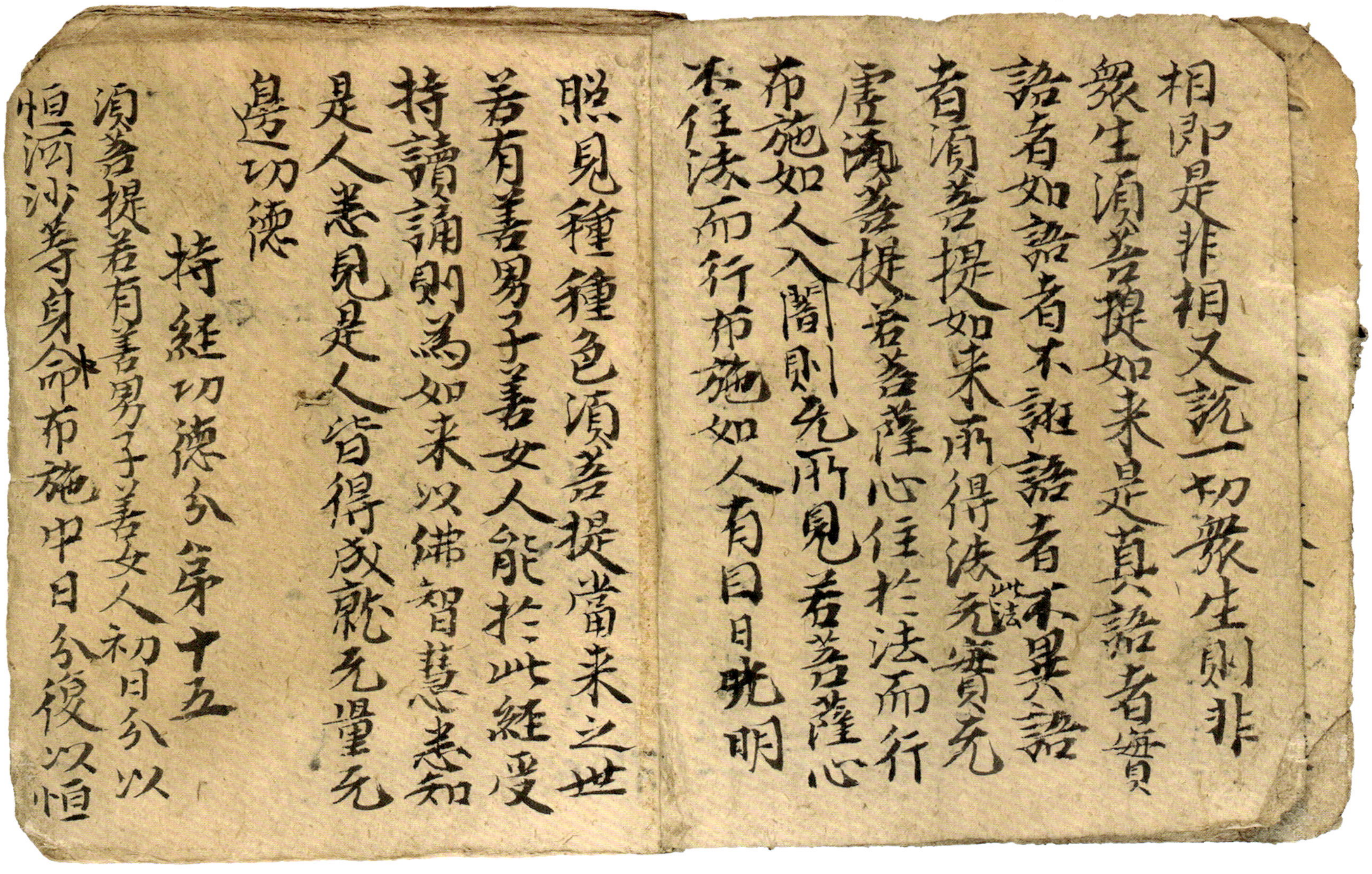
相即是非相又説一切衆生則非
衆生須菩提如来是真語者實
語者如語者不誑語者不異語
者須菩提如来所得法此法无實无
虚須菩提若菩薩心住於法而行
布施如人入闇則无所見若菩薩心
不住法而行布施如人有目日光明
照見種種色須菩提當来之世
若有善男子善女人能於此經受
持讀誦則為如来以佛智慧悉知
是人悉見是人皆得成就无量无
邊功德

持經功德分第十五

須菩提若有善男子善女人初日分以
恒河沙等身命布施中日分復以恒

《行道天王图》

Vaisravana and Guardian of the North, shown crossing the waters, floating on purple clouds

地点 \ 敦煌：莫高窟第 17 窟
时间 \ 公元 9 世纪
材料 \ 纸本立轴设色
尺寸 \ 长 37.6 厘米，宽 26.60 厘米

这件纸本《行道天王图》虽然尺幅较小，却是敦煌画作中完成度最高的一幅，画面及黄紫色丝绸的装裱都保存完好，是“行道天王图”佛画类型的典型例证。画面中，毗沙门天王和他的随从脚踏紫色祥云，正在从一片波涛汹涌的海面上通行。在这个行进的队伍中，毗沙门天王主尊的身型几乎是其他人的两倍大。行进中的毗沙门天王头戴宝冠，面容庄严，双唇紧闭，双目圆睁，白色的缎带在装饰华丽的宝冠两侧向上飘动，两个肩膀上还有随风舞动的两道火焰。他右手拿着一把金戟，左手升出一朵紫色的祥云，云中托起一座金色的佛塔，这样的造型和场景暗示了他佛教护法神的身份。

毗沙门天王是佛教的四大天王之一，也称作北方多闻天王，是阎浮提世界北方的守护神。他住在须弥山第四层的“由犍陀罗”山的北方，拥有可畏、天敬、众归等三城，每城各纵横六由旬，都为七宝所成，庄严清净。在一般的佛教信仰中，毗沙门天王被视为财神或福神，尤其是西藏密教更尊其为财宝天王。事实上，毗沙门天王悲愿广大，威势具足，除了赐福降财和随军护法，还能护持众生利益安乐、离诸厄难、满诸胜愿、获得大智慧等，在佛教大小乘的经典中，都能看到他护持经典和信众的事迹。此外，毗沙门天王还有五位太子，分别为最胜、独健、哪吒、常见、禅柢，他出行时，常二十八位天神随行，并有那阇娄、檀陀罗、醯摩拔陀、提偈罗、修逸路摩等五大鬼王随侍。

《农卣》

you

地点 \ 中国
时间 \ 西周时期
材料 \ 青铜
尺寸 \ 高 25 厘米

卣是中国古代一种盛酒器皿，具体出现时间未知，盛行使用时期为商代和西周时。当时用来盛酒用，所以外观上大部分是圆形或椭圆形，底部有脚或足圈，周围雕刻精美的工艺图案。这件农卣，外饰长羽鸟，盖内刻有铭文，曾是乾隆皇帝（1736—1795 年）的收藏品，并记录于“西清古鉴”中。鸟纹是典型的西周中期纹饰，可以与相同或稍早日期的玉器上的类似图案进行比较。

西周时期的铜卣基本都是盖器双铭，且内容是相同的。这尊农卣则是盖、器不同铭，盖上铭文多达四十八个字，而器铭只有三个字，这是极不常见的。可以说，农卣的形制、纹饰、铭文，都具有鲜明的特点，是一件非常重要的西周青铜器作品。

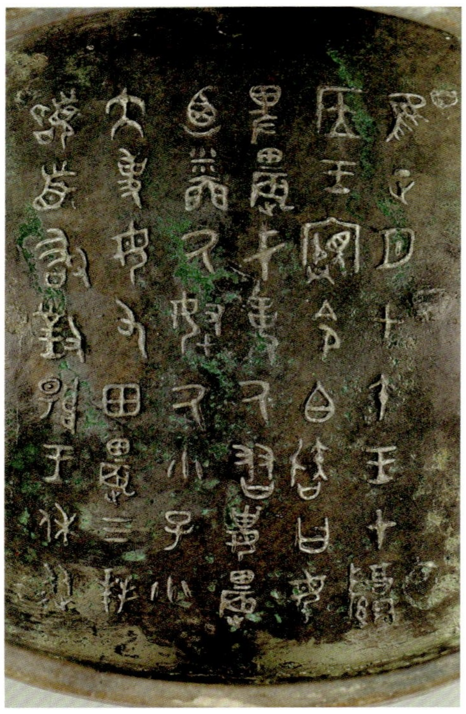

《祭司或酋长金胸饰》

Cast gold pectoral of a chief or priest

地点 \ 南美洲哥伦比亚
时间 \ 公元 900—1600 年间
材料 \ 金
尺寸 \ 高 30 厘米，宽 20.5 厘米，深 2 厘米

这件酋长金胸饰的主体是一个造型简括而抽象的人物，人物的四周还有动物形态的随侍。头大身小的人物顶着一款时尚精致的羽毛鸟头饰，戴着大鼻环，腿部系着装饰物。他的两侧共有四个动物形象，其中两只长尾高冠的鸟类生物，它们有喙和折叠的翅膀，长有鸟头、猴子腿和尾巴的神奇生物，分别紧紧地抓着他的左右上臂。这在当时的哥伦比亚的文化中代表了“人可以变成猛禽”的观念。在这个观念中，当人变成猛禽或化身为鸟类后，他便可以开启自己的精神之旅了。类似于萨满教中的“飞升”观念，一些有学问的祭司和首领通过幻想的灵魂来追寻隐藏的知识和智慧。

这件酋长金胸饰是用两种工艺制作的：雕像是失蜡法铸造而成的，雕像下面的新月形刀片则是采用锤击的方式完成的。哥伦比亚地区的金匠们在欧洲人到达美洲前就已经独立探索并发展了数百年的黄金制造工艺，他们拥有多种技术，包括锤击、失蜡铸造、镀金和合金等，这些成熟的金属工艺可以帮助他们完成复杂的制作。

这件黄金胸饰于 20 世纪 30 年代在哥伦比亚南部考卡地区的一座坟墓中被发现。坟墓由一个主墓室、一间耳室和一个竖井构成。这件胸饰被放在死者的胸前，这种类似胸饰在其他的墓穴中也曾有过发现。

《纯陀女神雕像》

The Goddess Cunda

地点 \ 印度中部的格雅拉斯普尔
时间 \ 约 9 世纪
材料 \ 砂岩
尺寸 \ 高 106.5 厘米，宽 74 厘米

这是件用砂岩雕刻的纯陀女神雕像，女神坐在莲花座上舞动着十二只手臂。这十二只手臂已有多处被折断或损毁，保存下来的手上分别拿着莲花、环、盾牌和水果，其中，有一只手臂从背后伸向前额，在眉心处做出一个特别的手印。女神的两侧分别是一个王子和一个手持武器的守护者，下方坐着一群供养人。在女神的椭圆形莲花灵珠上方的中央还有额外的浮雕。这些已经被拆开了，但中间的一个是三角形的，可能是一个坐着的耆那教的廿四位祖师，他们都是经过长期禁食苦修而证悟的。这样的构图和人物组合表明，坐着的这位纯陀女神是耆那教中的丰饶女神。

耆那教、印度教和佛教中的女神通常与创造力、力量等概念密切相关。信徒可以通过复杂的仪式和系统的精神训练来获得女神的感应——这通常被称作“密法”，而且还能够通过对神的崇拜，来“借用”这种神秘力量，并将其作为自身通向觉悟之路的基石。当信徒与女神达到“通神”状态时，就能够释放出人体内的神秘能量，这种现象的核心逻辑是，人的身心和宇宙具有相同的内在结构。而这些智慧和力量的中心，通常被观想为体内的一朵莲花，这也是神像往往以莲花为座的原因之一。

《爱泼斯坦爵士藏女神立像》

The Epstein Torso

地点 \ 出自印度拉贾斯坦邦
时间 \ 约 10 世纪
材料 \ 砂岩
尺寸 \ 高 69 厘米

这件红褐色砂岩雕刻的四臂印度女神像，是一件高浮雕而非圆雕作品。从女神像侧面的细节和背部状况的看，这件神像可能来自一座印度寺庙的墙壁或最初被安放在一个精心雕刻的壁龛内。

按照 11 世纪印度女神像的制作规制，女神被塑造成丰乳肥臀的样貌，S 形的站姿塑造了一种生动而对立的动态平衡。她的手腕和手臂上戴着手镯、臂环等饰品，身穿一件低领口的薄纱贴身短衣，显露出曼妙的腰身。女神的胯部系着一条粗厚的腰带，腰带上有双环，两块半透明的流苏状纱巾从腰间垂下，帖服地裹在大腿上，使女神的腿形完美地展露出来。再往下看，女神的两个脚踝上还戴着朴素的脚环，脚踝上方是一个圆形的花环。细节部分，女神脖子上的珠宝有一个方形的扣锁，上面雕刻了十二块宝石（与常见的九块宝石不同），项链还有一个吊坠，吊坠的两侧有环形装饰，这是代表男性和女性形象的符号。另一条更长的项链垂于两乳之间，对比衬托出胸部的尺寸。尽管女神的身姿丰满且略显夸张，但其造型非常精确。

女神身上的装饰物都是以复数的几何形式雕刻的，而人物身体的造型则以夸张的曲线组合而成，这是 11 世纪印度造像的特色。显然，这并不是一种自然主义的表现手法，这一时期的印度工匠更乐于追求一种对神灵的理想化表现。女神像的头部、脚部和几条手臂都已佚失，而且它也脱离了原来的整体建筑空间，这些都有损于对雕像当时那种理想美的呈现。在进入大英博物馆收藏之前，它属于英国著名的雕塑家雅各布·爱泼斯坦爵士（Sir Jacob Epstein）。

《人物（罗汉）》

Figure（Lohan）

地点 \ 中国河北易县睒子洞
时间 \ 907—1125 年
材料 \ 辽三彩
尺寸 \ 高 103 厘米

作品表现了一位朴素而年轻的罗汉，源自河北易县西部八佛洼睒子洞。庙中共发现十六位罗汉像，现存十一尊，这是其中的一尊。

这件真人等身大小的辽代三彩罗汉坐像，双手结禅定印至于腹前，身着绿色僧袍，外罩棕色袈裟，双眉微皱，目光坚定，鼻梁高挺，嘴唇紧闭，双耳垂肩，表现了正在进行思维修的罗汉形象。这批塑像于民国初年（1913 年）被旅居北京的日本人寺泽鹿之助首次发现，1912 年秋，德国汉学家贝尔契斯基（Friedrich Perzynski）在北京古玩店初见三彩罗汉像被震撼，后斥重金共买到八尊罗汉像并偷运至国外。现在这批三彩罗汉像流落海外，收藏于大英博物馆、波士顿美术馆、纽约大都会博物馆、费城宾夕法尼亚大学博物馆、加拿大皇家安大略博物馆、法国巴黎吉美博物馆等处。

佛教中的罗汉形象与中国传统文化中的武侠英雄形象相似，他们是勇敢、无畏的英雄，同时表现出出世与入世相结合的思想。辽三彩罗汉作为佛教文化中的重要代表，彰显出其时代特有的信仰价值和生活方式。梁思成在《中国雕塑史》感叹“不亚于意大利文艺复兴时最精作品也”。

《彩绘木雕菩萨观音坐像》

Wooden figure of Avalokites vara with polychrome decoration

地点 \ 中国山西
时间 \ 11—12 世纪
材料 \ 木质彩绘
尺寸 \ 高 170 厘米

这尊木雕彩绘的观音菩萨坐像，高 170 厘米，几乎是真人等大，表面的彩绘已大部分剥落，大约制作于公元 11 世纪至 12 世纪的北宋时期。菩萨造型舒展，衣纹流畅，璎珞华丽，显得庄严而慈悲。观音双眼微闭，右臂搭于右膝之上，左手撑于身侧，头发高高束起，带有唐代发型的特点，整尊雕像显得神态安闲自然，雕凿精准传神，带有自然主义的写实特征。

据学者考证，这件作品来自于山西。中国大约从汉代就开始信奉佛教，修建了大量的石窟和佛寺，佛像、菩萨像、罗汉像等造像的制作工艺也随之发展，除金铜造像，木雕造像也是佛教造像的大宗。隋唐之后，中国北方特别是山西周边的寺庙内多配置有木雕菩萨像，与常见的肢体纤细的神像相比，这些木雕菩萨像常常看上去更加丰满、自然和松弛，传达出一种理想而又令人信服的慈悲气氛。这种风格通常可以追溯到 7 世纪末和 8 世纪的唐代雕塑，如太原天龙山石窟。

清末民初，大量中国文物以各种方式流入西方艺术品市场，大英博物馆于 1920 年通过国家艺术基金的资助收购这木雕菩萨像，这也是此类大型木雕菩萨第一次入藏西方国家的主要博物馆。

《景德镇窑青白釉执壶和温碗》

— *Porcelain wine ewer and lid, and warming basin* —

地点 \ 中国江西景德镇
时间 \ 1000—1100 年
材料 \ 瓷
尺寸 \ 高 20.3 厘米

执壶即注子，与温碗配套使用。执壶小口，直颈，折肩，颈下肩部刻饰一周覆莲纹，深弧腹，做八瓣瓜棱形；圈足外撇，随瓜棱腹而削作八瓦楞形足；腹一侧置曲流，曲流与壶口基本同高，曲流上刻饰花卉纹；另一侧颈、腹间置宽带式曲柄，柄上两侧各刻一道凹弦纹，流、柄下端均刻饰如意纹。壶有盖，盖身刻覆莲瓣纹，盖面呈覆盘形，盖顶为蹲狮状纽，狮昂首翘尾，衔铃嬉戏，活波可爱。温碗呈仰莲瓣状，八瓣宽莲连为深腹大碗，上端随莲瓣刻饰卷草纹带，莲瓣结合处饰如意纹。碗下承高圈足，外撇，足外刻覆莲纹，与执壶肩部覆莲纹相呼应。执壶瓦楞形圈足沿可见有五枚支钉痕，与温碗内底支烧痕迹吻合，执壶、碗是成套烧造的，胎色洁白，质地细腻，通体施青白釉，白中泛淡青，光洁莹润，恬静素雅。从其形制、胎釉、装饰等特征看，这套注碗应是北宋时期景德镇湖田窑烧造，也是当时青白釉瓷器的典型代表。

《汝窑青釉盏托》

Ru ware bowl stand

地点 \ 中国河南宝丰
时间 \ 1086—1125 年
材料 \ 瓷
尺寸 \ 高 7.6 厘米，直径 16.2 厘米

这件汝窑青釉盏托来自河南宝丰清凉寺，直口微敛，深弧腹，下端弧收，下接托盘，盘作五瓣葵花状，边沿宽大，花瓣边缘起细棱，轮廓分明，造型古朴大方，可能曾为哲宗（1085—1100 年）和徽宗（1101—1125 年）所用。据记载，北宋宗室南迁杭州时，当地生产了灰绿色有开片的官窑瓷器，可能是作为汝窑瓷器的替代品使用。这种盏托的造型在宋代漆器中早已经出现，被称作“漆雕秘阁”。此外，盏托还常见于中国南方的“青白”瓷器中，在北京故宫博物院的《韩熙载夜游图》中也有描绘。

汝窑瓷器胎均为灰白色，虽然颜色深浅有别，但都与燃烧后的香灰相似，故也被称为“香灰胎”。据南宋《清波杂志》记载，汝窑瓷器以玛瑙末为釉。观其釉色，随光变幻，犹如“雨过天晴云破处”，“千峰碧波翠色来”之美妙。器表呈蝉翼纹细小开片，有“梨皮、蟹爪、芝麻花”之特点，被喻为“似玉、非玉、而胜玉”。

《陈风图》

Illustrations to the Odes of Chen

作者 \ 马和之（生卒年不详，活跃于宋高宗时期）
时间 \ 12 世纪
材料 \ 绢本设色
尺寸 \ 739 厘米 × 26.7 厘米

马和之，钱塘（今杭州）人，被誉为御前画院十人之首。宋高宗、孝宗每写《诗经》，均命其补图。《国风·陈风》是《诗经》十五国风之一，是吟咏陈国之诗，共十篇，依次为宛丘、东门之枌、衡门、东门之池、东门之杨、墓门、防有鹊巢、月出、株林、泽陂。《陈风图》据《陈风》而画，传为马和之作图，高宗抄诗。现存有三卷，分藏大英博物馆、上海博物馆、辽宁省博物馆。其中以大英博物馆所藏的这件版本最佳，上博本次之，最次者是辽博本，三卷均为仿本的仿本，制于明清之际。

图为《陈风图》局部，下图图像展现了诗经中《陈风·泽陂》的内容：

彼泽之陂，有蒲与荷。有美一人，伤如之何！寤寐无为，涕泗滂沱！

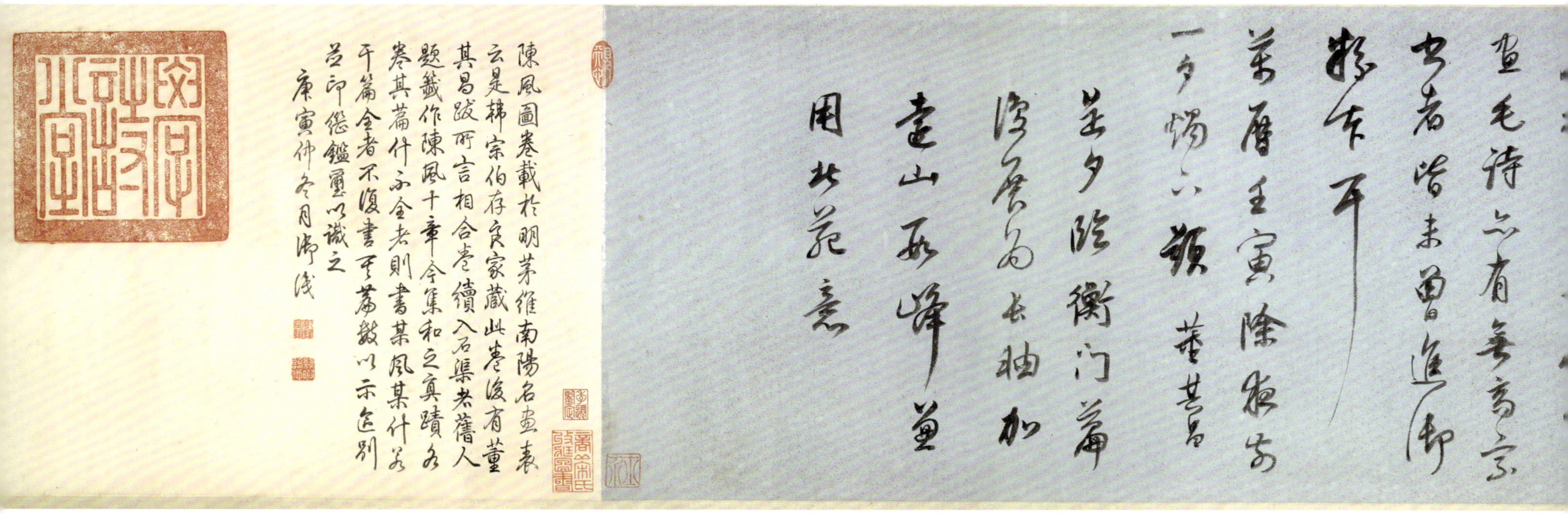

彼泽之陂，有蒲与蕑。有美一人，硕大且卷。寤寐无为，中心悁悁！

彼泽之陂，有蒲菡萏。有美一人，硕大且俨。寤寐无为，辗转伏枕。

这是一首水边女子或男子思念心上人的情歌。三章十八句，每章意思基本相同，都是叙述看见池塘边的香蒲、兰草、莲花，便想到自己所爱慕之人，不禁心烦意乱，情迷神伤，晚上辗转难眠，于是将相思之情转为诗性，发而为歌。另外的图像展现了诗经中《陈风·株林》的内容：

胡为乎株林？从夏南。匪适株林，从夏南。

驾我乘马，说于株野。乘我乘驹，朝食于株。

《株林》描写了春秋中期陈灵公、大夫孔宁、仪行父与夏姬的淫乱生活，讽刺了陈灵公君臣的荒淫生活和政治上的腐败。

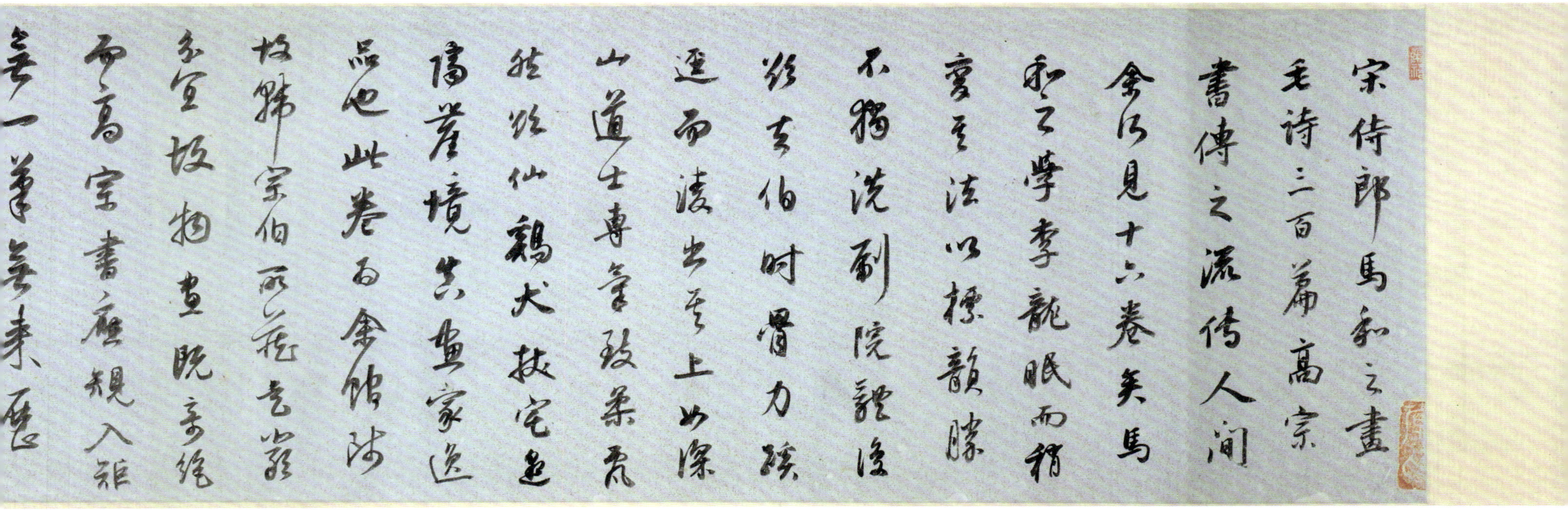

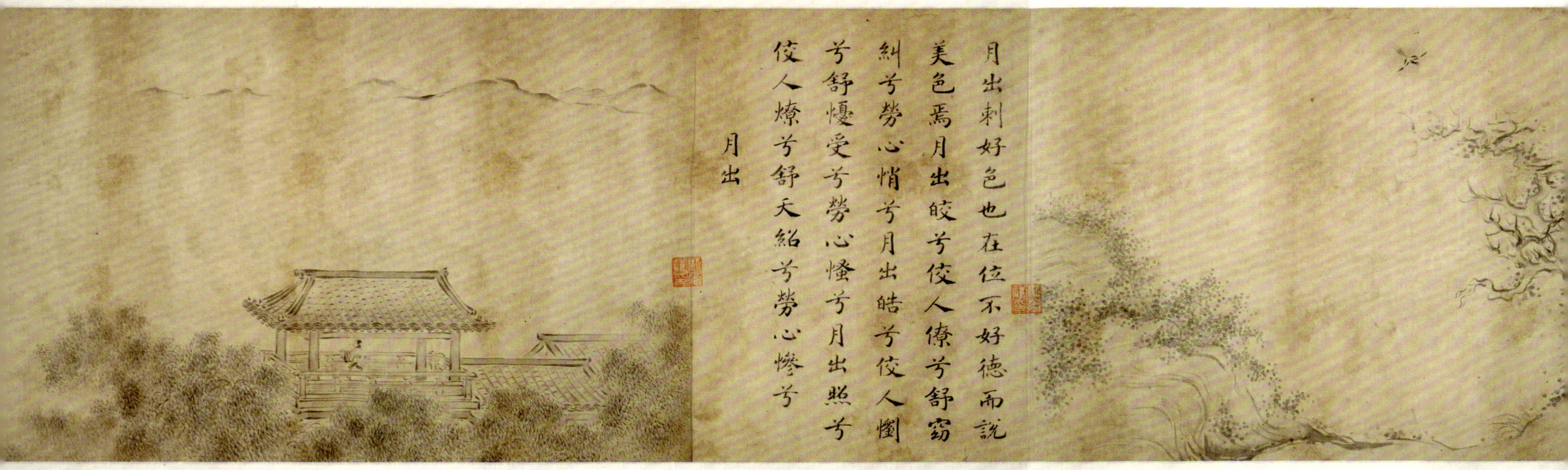
月出刺好色也在位不好德而說
美色焉月出皎兮佼人僚兮舒窈
糾兮勞心悄兮月出皓兮佼人懰
兮舒懮受兮勞心慅兮月出照兮
佼人燎兮舒夭紹兮勞心慘兮
月出

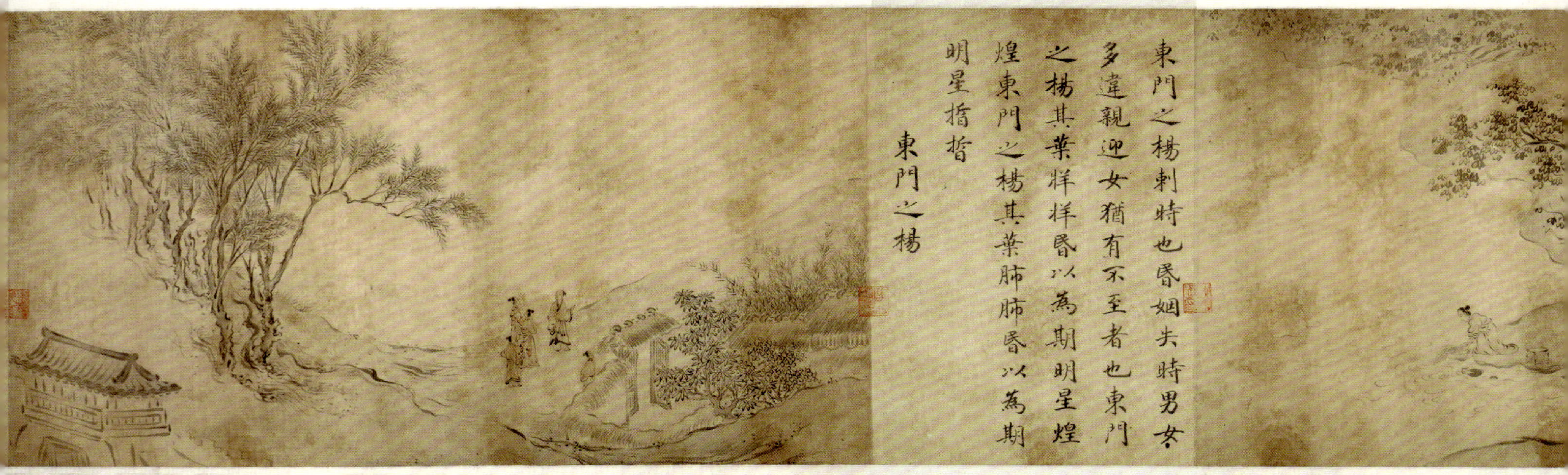
東門之楊刺時也昏姻失時男女
多違親迎女猶有不至者也東門
之楊其葉牂牂昏以為期明星煌
煌東門之楊其葉肺肺昏以為期
明星晢晢
東門之楊

之栩子仲之子婆娑其下穀旦于
差南方之原不績其麻市也婆娑
穀旦于逝越以鬷邁視爾如荍貽
我握椒
東門之枌
衡門誘僖公也愿而無立志故作
是詩以誘掖其君也衡門之下可
以棲遲泌之洋洋可以樂飢豈其
食魚必河之魴豈其取妻必齊之
姜豈其食魚必河之鯉豈其取妻
必宋之子
衡門

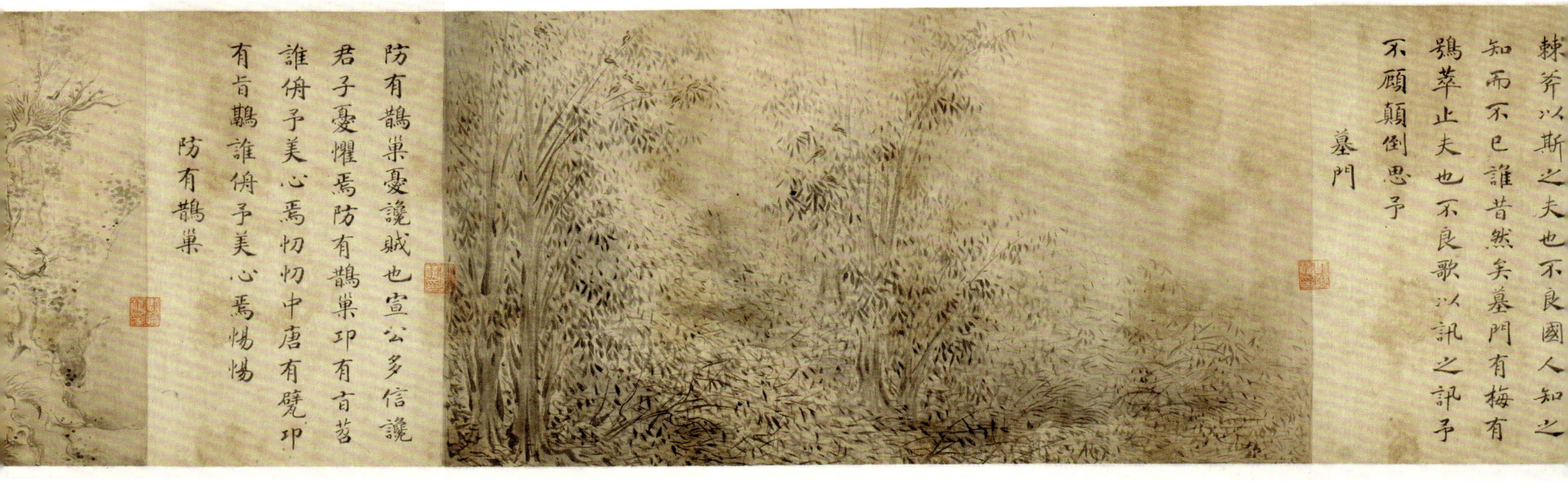
棘斧以斯之夫也不良國人知之
知而不已誰昔然矣墓門有梅有
鴞萃止夫也不良歌以訊之訊予
不顧顛倒思予
墓門
防有鵲巢憂讒賊也宣公多信讒
君子憂懼焉防有鵲巢邛有旨苕
誰侜予美心焉忉忉中唐有甓邛
有旨鷊誰侜予美心焉惕惕
防有鵲巢

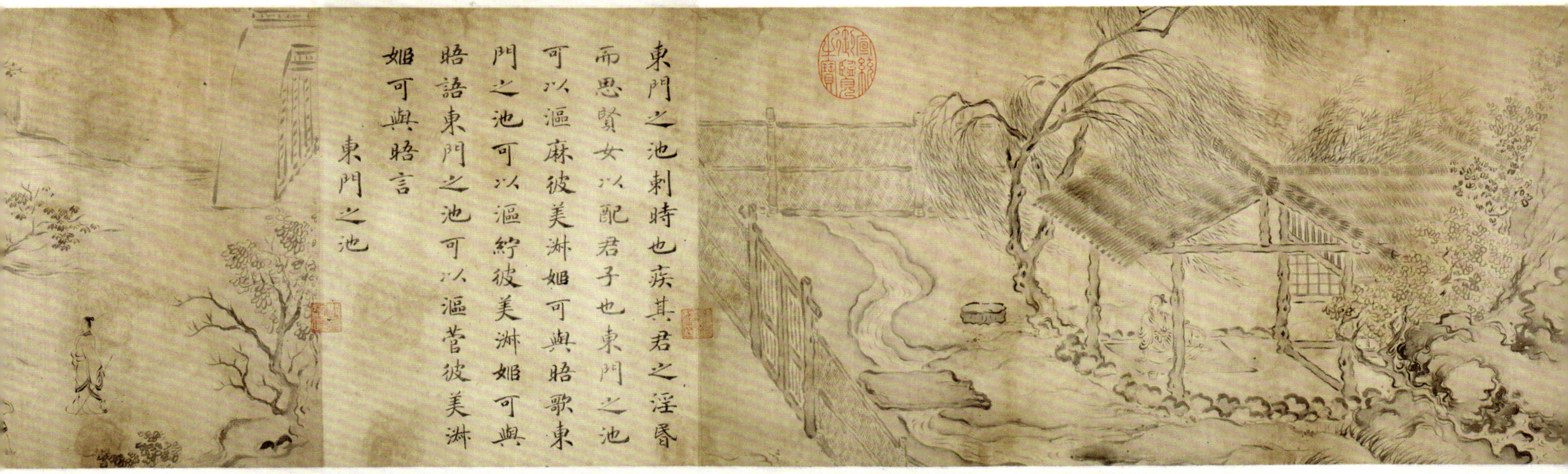
東門之池刺時也疾其君之淫昏
而思賢女以配君子也東門之池
可以漚麻彼美淑姬可與晤歌東
門之池可以漚紵彼美淑姬可與
晤語東門之池可以漚菅彼美淑
姬可與晤言
東門之池

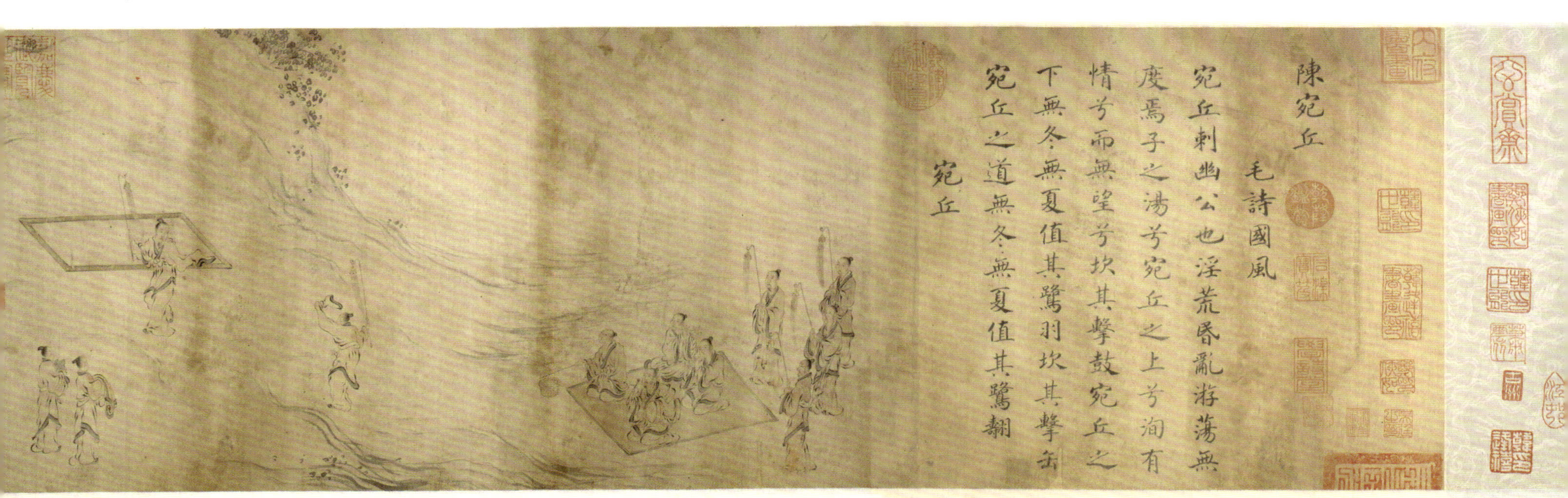
陳宛丘
毛詩國風
宛丘刺幽公也淫荒昏亂游蕩無
度焉子之湯兮宛丘之上兮洵有
情兮而無望兮坎其擊鼓宛丘之
下無冬無夏值其鷺羽坎其擊缶
宛丘之道無冬無夏值其鷺翿
宛丘

《阿弥陀佛头像》

Head of Amida Buddha

地点 \ 日本
时间 \ 14—15 世纪
材料 \ 柳杉木
尺寸 \ 高 100 厘米，宽 60.5 厘米

这是一件由柳杉木制成的阿弥陀佛头像，采用“寄木作”（yosegi zukuri）的技术，造像以石膏塑形并在表面涂漆，佛像开脸采用了涂漆镀金的工艺。从这尊佛头的尺寸和形制推测，最初应该是高达数米的阿弥陀佛坐像。他也是一铺三尊像的主尊，两旁胁侍应该是观世音菩萨和大势至菩萨。值得注意的是，佛头像略显清瘦的面部和富于情感的个性表达。

阿弥陀佛是西方极乐世界的主佛。大乘佛教的经典记载，阿弥陀佛在过去久远劫时曾立大愿，建立西方净土世界，广渡无边众生，成就无量庄严功德，他的宏愿被大乘佛教广为崇敬和弘扬。大乘佛教在中国、日本等地流传甚广，影响巨大。

在日本，最为兴盛的净土宗主张一心信仰阿弥陀佛，一门精进。早在飞鸟时代（592—710 年），净土思想便随着中国制造的阿弥陀佛像和净土变相图陆续传入日本。公元 607 年，日本僧人志贺惠隐随遣隋使入隋，从中国携回大量净土经典，在宫中多次开讲《无量寿经》，让阿弥陀佛的信仰在日本皇室和贵族阶层中生根萌芽。10 世纪后，净土思想在日本贵族阶层普遍流行。公元 12 世纪，日本高僧法然上人创立了日本净土宗，净土信仰终于在日本正式以独立的姿态与佛教各派并列。直至今日，净土宗和法然的弟子亲鸾上人建立的净土真宗仍属于日本佛教最大的三个宗派。

《珐琅釉描金玻璃灯》

mosque-lamp

地点 \ 埃及
时间 \ 1350—1355 年
材料 \ 玻璃、珐琅釉和描金
尺寸 \ 高 35 厘米

这对曾悬挂在清真寺的灯具是古代世界的奢侈品。这类灯具也是 12 世纪至 14 世纪埃及和叙利亚马穆鲁克（Mamluk，执政于 1250—1517 年）珐琅玻璃最耀眼的成就。这些清真寺灯具都是人工吹制而成的，灯体上有六个凸起，吹制成形后，工匠会在灯体上镀金，然后再涂上蓝色、红色和白色的釉料，并用红色的釉料在灯体上勾勒图案，某些区域用珐琅釉填充。灯体的上半部分是阿拉伯语带，两侧各有两个圆形纹章，是以红色高脚杯为中心的同心圆图案。灯体的腰部也装饰着粗体文字的阿拉伯语带，包括赛义夫·阿尔丁·沙伊胡·阿勒纳斯里的人名和称号，他是开罗在艺术与建筑方面的一个重要赞助人。在灯体隆起的中心下方还有两个圆形，中间点缀着片状的圆形。在灯脚上，叶片和叶茎装饰的花纹，也有同心圆的纹章图案，同心圆的中间仍然是红色高脚杯。灯具的内部是油壶，一根灯芯连接了油壶和灯口。

马穆鲁克是中世纪时期阿拉伯哈里发的奴隶兵，后来随着哈里发的势微和阿尤布王朝的解体，他们逐渐成为强大的军事统治集团，并建立了自己的王朝，统治埃及达三百年之久（1250—1517 年）。马穆鲁克苏丹及他们的埃米尔（Emir，阿拉伯国家的贵族）在开罗修建了众多的清真寺，为了满足需要，他们订购了大批这种可以悬挂的珐琅釉描金玻璃灯。许多清真寺灯，包括这两件，都刻有《古兰经》中的警句，以强调灯的象征意义。

《青花孔雀牡丹纹罐》

Guan jar with underglaze blue decoration

地点＼中国江西景德镇
时间＼约 1330—1368 年
材料＼瓷
尺寸＼高 30.2 厘米，直径 33.4 厘米

这件青花孔雀牡丹纹罐，器形端庄大方，纹样构图合理，层次清晰，绘法娴熟，青料呈色浓郁，钴料浓重，铁锈痕明显，为元代晚期景德镇窑烧造。器物外观设计大胆，罐子外表绘有一只尾羽拖地的孔雀，它正回头看向自己的配偶。围绕这两只孔雀的是巨大的牡丹、芭蕉叶、荷花和其他的开花植物。牡丹枝蔓或缠连，或绽放盛开，或含苞待放，姿态各异，娇艳欲滴。

1964 年，在河北保定的元代窖藏中发现了多件青花装饰的罐子。据考证，它们曾出口到近东，例如，伊朗的阿德比尔神庙（Ardebil shrine）中就有一个类似的带有孔雀和牡丹图案的罐子。阿德比尔神庙又名谢赫萨菲·艾德丁神庙，是波斯人为纪念诞生于此的萨法维王朝的祖先而设的神庙。萨法维王朝的沙阿·阿巴斯大帝（Abbas I of Persia，1571—1629 年）即位后，于 1611 年将他所收藏的中国皇帝赠予的约一千两百件瓷器捐赠给了阿德比尔神庙，并为此设计了有专门摆放瓷器壁龛的“瓷屋”。很多瓷器上，都钻刻上沙阿·阿巴斯的铭文。今天，大约八百件瓷器保存在德黑兰的伊朗巴斯坦博物馆。类似的青花罐还见于 1980 年江西高安元代窖藏出土的云龙纹盖罐，1985 年江苏句容城东房家坝元代窖藏出土的云龙纹盖罐，北京故宫博物馆藏鱼藻纹罐、牡丹云龙纹罐、缠枝牡丹纹罐等。

《剔红双龙戏珠纹家具面板》

Rectangular panel of red lacquer carved on a yellow ground

地点 \ 中国
时间 \ 约 1426—1435 年
材料 \ 漆
尺寸 \ 高 44.2 厘米，宽 36.1 厘米

这件在红漆素地雕双龙戏珠的矩形面板来自一件家具，它的中间是一块“菱花形开光”，里面刻有两条五爪龙，上面有一颗燃烧的珍珠，周围饰有牡丹。“菱花形开光”的四周是花卉环绕的一对凤凰。双龙戏珠是中国传统的装饰纹样，表现的就是两条龙在抢夺一颗火球。它起源于中国天文学中的星球运行图，火球是月球演化而来的。从西汉起，双龙戏珠便成为了吉祥喜庆的装饰图纹，多用于建筑彩画和华丽的器物装饰上，显现出富贵吉祥、活泼生动的气息。在双龙戏珠的图像运用中，如面板为长方形，便常采用两条龙左右对称的构图，呈行龙姿态；如面板为正方形或圆形，双龙戏珠就采用上下相对的构图，上为降龙，下为升龙。

中国的漆艺历史悠久，从考古发现看，中国是最早认识和使用天然漆的国家。大约到宋代时，中国漆艺达到鼎盛，剔红、堆红、戗金、螺钿、填漆、描金、犀皮等工艺高度成熟。其中，“剔红”工艺更是宋代漆器发展的一大成就，后在明清两代广为使用，它的发明与成熟使漆器迈向了新的艺术高峰。这件家具面板就采用了剔红工艺，其特点是“藏峰清楚，隐起圆滑，纤细精致”。剔红漆器的制作流程大概是，以木或金属为胎，在胎体上层层髹红漆——以漆为涂料，少则八九十层，多达一二百层，至相当的厚度，待半干时描上画稿，然后再雕刻花纹。“红”指漆色，根据雕漆的颜色，还可以分为剔黄、剔黑、剔彩、剔犀等，剔红是剔漆工艺是最为常见的类型。

《中国贤者向完者都呈现史书》

The sages of China bringing books to Uljaytu

作者 \ 伊朗帖木尔王朝（Timurid）画师
时间 \ 约 1425—1430 年
材料 \ 纸、不透明水彩、描金、墨水
尺寸 \ 33.8 厘米×23 厘米

本页来自帖木尔王朝的历史学家哈菲兹·阿布鲁（Hafiz-i Abru）撰写的世界史。在这部世界史中，哈菲兹·阿布鲁用朴素理性的“历史风格”描绘了两位来自中国的先贤李达治（Li-ta-chih）和马克孙（Maksun）向蒙古统治者完者都（Uljaytu，公元 1304—1316 年在位）呈现历史书籍的史实。在这页手稿中，统治者完者都端坐在右侧的树下，他戴着皇冠、穿着红色长袍，左手托于胸前，右手撑在大腿上，目光温和地看向前方。伊朗帖木尔王朝画师的画风简洁疏朗，很好地表现了这一历史事件，也增强了帖木尔所宣称在伊朗和中亚统治的正统性。

这是一幅典型的帖木尔王朝时期细密画。“细密”二字翻译自拉丁语，意为“红铅”。红铅是一种矿物颜料，细密画的特点就是以矿物颜料来调制颜色，为了追求绚丽的艺术效果，甚至使用珍贵的蓝色珠宝等矿物来调色。细密画的起源很早，古代埃及时期法老身边随葬的矿物颜料画可能就是细密画的雏形。伊斯兰教流行以后，细密画被用于《古兰经》手抄本的边饰图案。细密画传入波斯后，成为一种广受欢迎的艺术表现形式。在后来曾统一波斯的帖木尔王朝时期，中国和波斯艺术风格相互融合，展现出丝绸之路上两国文化的交流互鉴。

چیزی از آن نسخ بدین ولایات نرسیده و درین وقت که پادشاه اسلام خلد الله سلطانه و اعلا شانه فرموده که تاریخ
مبارک را تألیف کنند و بنویسند چون ممالک مذکوره را در قدیم الایام هیچ پادشاه بیگانه مسخر نکردانیده بود و در آن
مداخلت نیافته چنگیز خان و اروغ نامدار او آن را مستخلص گردانیده و در تحت تصرف خویش آورده اند و بیان نسب
حکایات آن درین تاریخ آوردن ضروری بود پادشاه اسلام خلد الله ملکه فرموده که تواریخ احوال آن مملکت و پادشاهان
آن بر سبیل ایجاز و اختصار الحاق کرده شود بر وفق فرمان نافذ لا زال نافذا و مطاعا از حکمای ختای لی ساجی و مکسون
نام هر دو بر علم طب و نجوم و تاریخ ختای واقف اند و بعضی از آن کتب ختای با خود آورده و آن معانی را مستخرج کتب تواریخ
که داشتند حاضر گردانیدند و تقریر کردند که هرچند تاریخ اهل ختای عظیم قدیم است و عدد سالها را دوازا بیشان بموجبی
که پیش ازین با خواجه نصیر الدین تقریر کرده اند لیکن تاریخی که اسامی پادشاهان آنجا در آن مشروح و مفصل است و بنیاد حکایات
بر آن نهاده اند و درین وقت میان اهل ختای شهرتی دارد و تاریخی درست و محقق است و تمامت حکما و دانایان بر آن اعتماد

《西山草堂图》

Thatched Cottage in the Western Mountains

作者 \ 唐寅（1470—1524 年）
时间 \ 1499—1520 年间
材料 \ 纸本水墨浅设色
尺寸 \ 146.3 厘米 × 32 厘米

大英博物馆馆藏“明四家”之一唐寅的《西山草堂图》卷是大英博物馆的镇馆之宝。这是一幅表现乡野生活情趣的水墨浅设色作品，描绘了暮色朦胧中的乡野风光。画面远景中青山连绵，江天辽阔，意境悠远，近景茅屋中有一位文士正闲坐读书，他的仙鹤正在院中闲庭信步，整体表现了中国文人理想中闲适的乡居生活。作品布局严谨，笔法劲健，画法工整、线条流畅，山水粗中有细，兼具北方的奇险与南方的野逸，用笔上更接近南宋画院马远、夏圭的风格而与唐寅的常见画风不同，因此也有学者认为此作可能是另一画家周臣的代笔。乾隆皇帝曾收藏这件作品，并在画幅中部题跋。画后有唐寅款的自跋“草堂诗为丁君潜德赋并画。厚苫芒葛柱棕榈，欲比南阳旧草庐。颓壁破凭梦自补，乳梁低与燕分居。乌皮净拭窗中儿，朱版齐装架上书。笑杀汗衣车马客，劳劳奔走欲何如。晋昌唐寅”。

唐寅，字伯虎，号六如居士、桃花庵主等，南直隶苏州府吴县人。明代著名画家、书法家、诗人，山水画以李唐、刘松年为宗，融会南北画派，笔墨细秀，风格秀逸清俊，兼擅写意人物画、花鸟画，书法奇峭俊秀，与沈周、文徵明、仇英并称“明四家”。

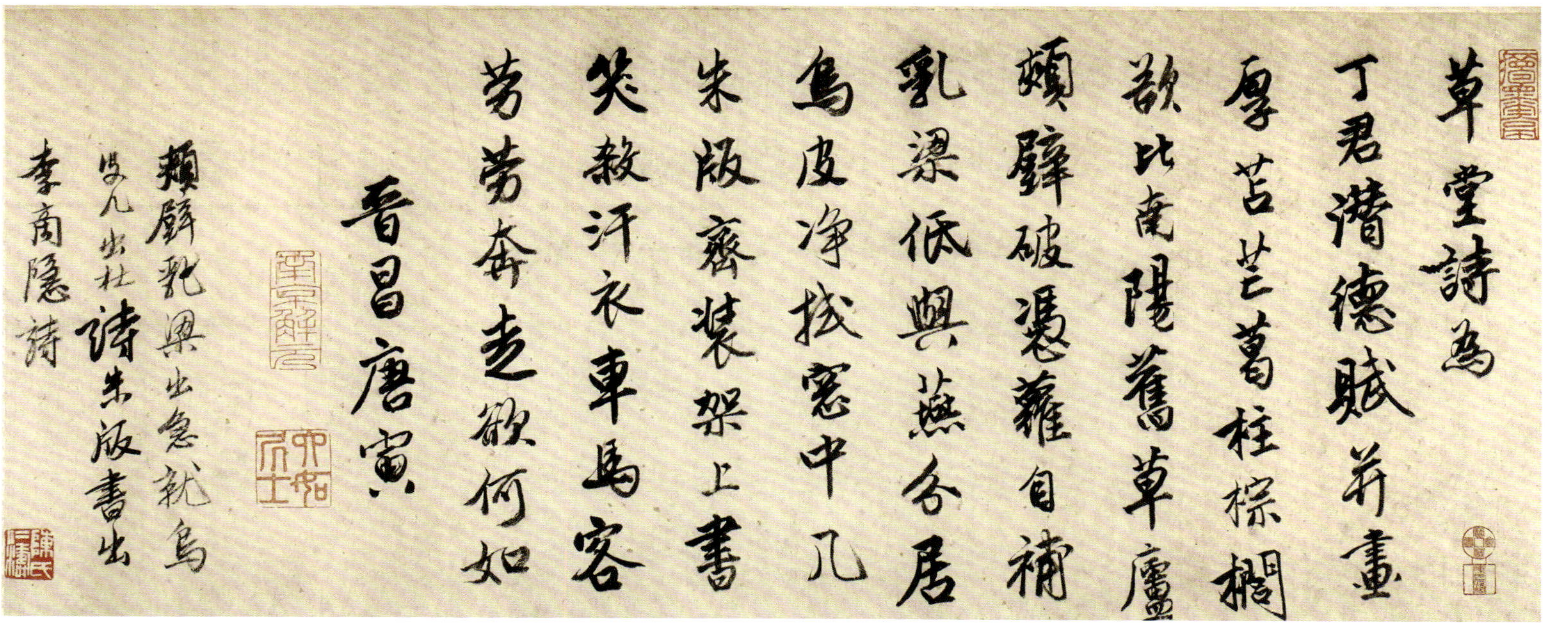
草堂詩為
丁君潛德賦并畫
厚苫芒茅柱椶櫚
敬比南陽舊草廬
頻辟破窓蘿自補
亂梁低與燕分居
烏皮淨拭窓中几
朱版齊裝架上書
笑教汗衣車馬客
勞勞奔走欲何如
晋昌唐寅
頻辟乳梁出急就烏皮几出杜詩朱版書出李商隱詩

《圣女像》

Female saint

作者 \ 拉斐尔
时间 \ 约 1504 年
材料 \ 黑色炭笔、纸本
尺寸 \ 26 厘米 × 41.1 厘米

这件精美的女性圣徒半身肖像，最初被意大利艺术史家乔凡尼·莫雷利（Giovanni Morelli，1816—1891 年）鉴定为蒂莫泰奥·维蒂（Timoteo Viti，1469—1523 年）的作品。蒂莫泰奥·维蒂与拉斐尔都来自意大利小镇乌尔比诺，且年长的蒂莫泰奥还曾影响了拉斐尔的画风，因而这两位艺术家的作品风格有一定的相似性。但是在后来的研究中，艺术史家们还是对这件作品的归属达成了一致——它被认定是拉斐尔的作品。

拉斐尔这张素描的创作可以追溯到他在翁布里亚生活的时期。那时的拉斐尔还是“翁布里亚画派”领袖彼得罗·佩鲁吉诺（Pietro Perugino）的最优秀的学徒。他才华横溢，很快便习得了老师所有的技巧，并在风格上比他的老师更加轻盈而柔美，散发着迷人的个人特色。此后，年仅 26 岁的拉斐尔得到了教皇尤利乌斯二世的赏识并离开故乡前往罗马。

这是一张用黑色炭笔手绘的女性半身肖像，人物身体略微偏右，眼神似乎不经意地瞥向左边，带着少女特有的娇怯与未经世事的傲慢。虽然取名为女圣徒，但拉斐尔在这一时期的女性肖像都呈现出邻家女孩式的形貌特征，散发着世俗化的人性之美。

后来的研究还表明，这幅草图并不与画家任何一件完成的油画作品相关，或许它本身就是一件完整的艺术品。就如安吉拉·玛丽亚·阿塞托（Angela Maria Aceto）所说：“拉斐尔所有的作品都如行云流水般自然，这些素描表面上只是为了最终的绘画做准备，是纯粹实用性的。但反复认真观察之后就会感受到他倾注在素描中的喜悦与热情。素描图与绘画成品之间必然是有关联的，但这些素描也绝不仅仅是工作图纸，它本身就是艺术品。”

《忧郁 I》

Melencolia I

作者 \ 阿尔布雷特·丢勒
时间 \ 1514 年
材料 \ 版画
尺寸 \ 18.8 厘米 × 24 厘米

伟大的德国文艺复兴大师丢勒在版画方面的最高成就，主要体现在他创作于 1513 年至 1514 年的三幅尺寸相同的版画上，它们分别是如图所示的这件《忧郁 I》和收藏于德国柏林版画与素描博物馆（Kupferstichkabinett）的《骑士、死亡与魔鬼》与《书房里的圣哲罗姆》。在这三件公认的杰作中，《忧郁 I》又是其中最复杂的一幅。

画中长着翅膀、戴着花环的女人代表了忧郁，她的左手撑着头，右手拿着指南针，做出一副沉思的模样。她的周围摆放着各种不同的物品，其中有球体、巨大的多面体，以及零散的木工工具等。这些工具都来自测量和建筑领域，菱形和球体指向了几何，它们所代表的数学科学是所有艺术的基础。一条狗睡在女人的脚边，小天使跨坐在一块磨石上。画面左上角，一只类似蝙蝠的生物在湖面上举起了铭文“Melencolia I”。在丢勒的时代，狗和蝙蝠代表着“忧郁”——欧洲“四体液论”中的抑郁质，并被解释为一种积极的心理力量，众多的创作型艺术家都是抑郁质者。正如亚里士多德所说，“有创造力的人都是忧郁的，忧郁的时候也许正是你灵感迸发的时候。”显然，丢勒试图在创作中探讨并处理创造力的来源以及忧郁和创造力之间的关系。

与这件作品类似，另外两幅版画同样涉及了大量神秘的、具有暗示性的图像细节，它们往往基于广泛而复杂的文化历史，并且需要被放置到更开放的时代语境中去进行解读。无论如何，人们普遍认为，就图像而言，丢勒在这三幅版画中成功地将自己的艺术表达发展到了最高水平，他将完美的形式、丰富的图像概念和情绪融合为了一件完整的文艺复兴经典。

《犀牛》

The Rhinoceros

作者 \ 阿尔布雷特 · 丢勒
时间 \ 1515 年
材料 \ 钢笔画
尺寸 \ 27.4 厘米 × 42.0 厘米

丢勒所处的文艺复兴时期也是“大航海”启幕的时代。大航海促进了欧洲与印度及其他亚洲地区的交流和沟通。在这个过程中，随着航海技术的进步，越来越多的航海家、探险家踏上未知的旅程，新大陆的众多事物都成为了那个时代的欧洲人好奇与探索的对象，犀牛就是这场探索旅程中的一个经典对象。

葡萄牙驻印度的第四任总督在其任期内获得了印度坎博加苏丹穆扎法尔（Muzafar of Kamboja）赠送的一只犀牛，它是献给当时的葡萄牙国王伊曼纽尔一世（Emanuel I，1469—1521 年）的礼物。此时，远方的欧洲人从未亲眼见过犀牛，他们只在古罗马的著作中读到过关于这种生物的描述：罗马人曾将犀牛带入斗兽场，与奴隶们搏斗。欧洲人甚至对犀牛的真实存在感到怀疑。为了让自己的国人亲眼见到犀牛，并向全欧洲展示葡萄牙的实力，总督决定将犀牛运送回国。1515 年，欣喜万分的欧洲人在里斯本等到了真正的犀牛，展示完成后它被继续运往意大利巡展，却在途中因海难而永远消失了。尽管真实的犀牛不见了，犀牛热却并未减退，它仍然激发了许多艺术家的灵感，创作了无数的诗歌和绘画作品，丢勒便是这犀牛热的追随者之一。

尽管没有亲眼见过犀牛，但丢勒有幸看到了一幅印度犀的素描并阅读了关于犀牛的描述，这些资料来自居住在里斯本的纽伦堡公民瓦伦丁・费迪南（Valentin Ferdinand）写给朋友的信件。根据素描蓝本并借助文字的想象，丢勒最终创作出了这幅在艺术史和博物史上都赫赫有名的犀牛图像，并制作了木刻版画。画面中，犀牛处于前景并填满整个画面，体型庞大而粗壮，它的体表似乎满是坚硬的盔甲，皮层厚实，头的最前部是一个明显的犄角。尽管这些细节与真实的犀牛相去甚远，但丢勒凭借其卓越的绘画技巧使其画中的犀牛显得逼真而震撼，成为了当时众多好奇的欧洲人心中最理想的犀牛形象。

《训鹰图》

A Falconer

作者 \ 伊朗萨非王朝（Safavid）画师
时间 \ 约 16 世纪晚期
材料 \ 纸、不透明水彩、描金、墨水
尺寸 \ 8 厘米 × 15 厘米

这幅《训鹰图》描绘了一名宫廷驯鹰人正在驯鹰的场景。他的手腕上正站立着猎鹰，驯鹰人穿着灰绿色的长衫和长裤，腰间系着红色和紫色交缠的腰带，红色的腰带上有华丽的方形镀金花饰，紫色的腰带上挂着一把长长的弯刀和绣金的钱包。主题人物和猎鹰被画在一张红色的洒金纸上，背景未做装饰。

猎鹰术在阿拉伯语中被称为“飞行狩猎”，在伊朗、土耳其和阿拉伯国家非常受欢迎。高高飞翔的黑色苍鹰是猎鹰中最珍贵的品种，因为作为中小型猛禽来说它的体型更大、狩猎的时速在同类中也是最快的。但苍鹰极难被捕获且驯化困难，因此黄眼睛的游隼便成了仅次于苍鹰的最佳的选择。游隼身型略小但性格勇猛，即使遇见比自己体形大很多的金雕、矛隼等也敢于攻击，同时它能够在天空中俯冲捕猎，在俯冲过程中它们的飞翔速度甚至可以达到每小时 300 多千米。这些生性高傲、意志力顽强的猎鹰一旦被驯服，就会戴上铃铛，图中这只游隼的脚上就已经戴上了铃铛。阿拉伯人驯鹰狩猎历史悠久，最早始于公元 7 世纪。后来，驯鹰逐渐已成了阿拉伯人的传统习俗，而猎鹰也慢慢被视为权力、财富和地位的象征。如今，驯鹰已成为了阿联酋和阿拉伯文化的象征。

在 16 世纪的最后二十年，这种由多幅单页绘画组成的册页越来越流行，因为赞助人的类型越来越多，阶层范围也越来越大，远远超出了皇家宫廷。因此，这一时期的作品中出现了许多不同工种的人物活动，如马夫、牧民和猎人等。

1548
RHI NOCE RVS
E. V.
Nascano questi Animali nelle diserte montagne del'India: E di la ne fu portato uno in Portogallo, dal quale fedelmente e fatto questo ritratto; è come qui si comprende è di Scaglie durissime coperto, della similitudine, & colore di quelle de la Testuggi
è di grandezza degli Elefanti, coni quali fano guerra, et ne sono uittoriosi pch essendo di ueloce corso, gli danno de urto sotto il Corpo, et la pelle con le scaglie asprissime gli squarciano, Et co l'aiuto del Corno che sopra il Naso tengano
Ant. sal. exc.
A

《伊莎贝拉·布兰特的肖像》

Portrait of Isabella Brant

作者＼彼得·保罗·鲁本斯
时间＼1620—1621 年
材料＼纸本色粉
尺寸＼29.2 厘米 ×38.1 厘米

作为鲁本斯的引人注目的肖像绘画之一，这幅纸本素描生动地捕捉了画家的第一任妻子伊莎贝拉·布兰特（1591—1626 年）的样貌。作品由鲁本斯最偏爱的黑色粉和白色粉渲染而成，红色增加了人物温暖的质感，也强调出面部的鲜活，更传达了艺术家与伊莎贝拉之间的亲密关系。伊莎贝拉·布兰特是安特卫普重要的政府官员扬·布兰特的大女儿，她与鲁本斯相差十四岁，但从 1609 年结婚到 1626 年伊莎贝拉去世，他们共同幸福地生活了十七年，并育有三个孩子，分别是克拉拉、尼古拉斯和阿尔伯特。

在这幅素描肖像中，鲁本斯采用了近距离的俯视视角，伊莎贝拉的头发自然地拢在脑后，露出光滑饱满的额头。她戴着优雅的垂坠耳环，微微抿起嘴唇，目光抬起，眼神中透着温和的笑意。显然，此时的伊莎贝拉正处在完美的幸福中。然而五年后的一场瘟疫终结了这种幸福，悲恸的鲁本斯在 1626 年 7 月 15 日给法国学者朋友皮埃尔·杜普伊（Pierre Dupuy）的信中写道："……我真的失去了一个出色的伴侣，因为我有充分的理由去爱，她没有缺点，她从不任性，几乎没有女性的弱点，她是那样的善解人意……"

鲁本斯素描作品中线条的使用非常多样丰富，轻松连贯而又自然生动。在这幅素描中，看似随性的线条恰到好处地捕捉了模特儿面部肌肉线条的每一个走向，营造出一种摄影镜头般的瞬间感，张弛有度地排线也强调出模特儿的神韵和画面的节奏与韵律。毫无疑问，这是鲁本斯极优秀的肖像画之一。

《立马图》

— *Portrait of the Horse, Amber Head* —

作者＼印度莫卧儿王朝（Mughal）画师
时间＼约 1650 年
材料＼纸、不透明水彩、描金、墨水
尺寸＼30.3 厘米 × 23.4 厘米

从 17 世纪中叶开始，莫卧儿王朝（1526—1857 年）出现了大量以马为主题的绘画。这种关于马的绘画，有的是表现单匹的马，有的则描绘出马和马夫。这些作品不仅说明了当时的印度王室对马匹的高度喜爱，也展现了当时养马和驯马技术的成熟。这样的绘画类似一种养马的指导手册，就像现代马匹育种所需的理论指导书籍一样。这样的马画也流行于伊朗的萨非王朝（1501—1736 年）。

这幅马图描绘了一匹站立的花斑马。这匹马已经装上了华丽的金锦鞍凳，戴着一条金色和祖母绿的缰绳，上面饰有红宝石和珍珠玫瑰花结，马鞍是镀金的皮革。莫卧儿王朝时期的马、大象和猎鹰等珍贵动物身上往往装饰都非常华丽，因为它们本身就是价值连城的宝物。这匹马的头部和腰部是温暖的咖啡色，尾部染成深红色。马站在绿色的背景中，地上的植物画得非常精细，完美地展现了印度莫卧儿王朝宫廷细密画的风格。莫卧儿王朝的宫廷细密画属于波斯—印度绘画体系，是印度本土传统绘画与波斯艺术相互影响、彼此融合的产物。这幅《立马图》绘制的年代正值细密画由高峰走向衰落的过渡时期，此时的画面相对程式化，缺乏生气和活力，画师展现在作品中的热情也逐渐退去。

《三个十字架》

The Three Crosses

作者＼伦勃朗
时间＼1653 年
材料＼铜版画
尺寸＼45.5 厘米 × 38.8 厘米

16 世纪 50 年代是伦勃朗继 40 年代《夜巡》之后的又一创作高峰期，大英博物馆收藏的这幅《三个十字架》铜版画正是伦勃朗这一时期版画创作的顶峰之作，同期的另一件版画杰作是收藏于大都会博物馆的《戴荆冠的耶稣（看这个人）》。

"三个十字架"主题，又称"基督被钉在两个小偷之间"，讲述了福音书中记载的基督背负十字架当天的故事。那一天，两个强盗将与基督一同被钉在十字架上，他们一个在基督的左边，一个在右边。祭司长和长老都因此而嘲讽基督，将被行刑的两个强盗也对基督投以讥诮。但是，其中的一个强盗却在后来成为了耶稣的信徒，并得到了认可。在这幅版画中，伦勃朗将基督放在视线的中心，基督左侧的小偷处在阴影中，他的前面是骑马的士兵，士兵手中的长矛指向基督。基督右侧的小偷被光所笼罩，他的下方是东倒西歪哭泣的信徒。左右两侧的人群被画面前景中两个戴着头巾、向右穿行的祭司连接起来，人群则在舞台式的空间中形成了一种戏剧性的闭环——基督正前方的空间是一片空地。

《三个十字架》完美地展示了伦勃朗作为一名版画家的精湛技艺。他在铜板上采用了"干针技法"（Drypoint），一种类似于雕刻的方法，即用尖锐的金属或金刚石尖在铜板上划刻出图像。划刻工具在铜板上切入的角度决定了切割边缘产生毛刺的多少和大小，刻刀垂直使用时几乎不会留下毛刺，入刀角度越小毛刺堆积则越大。伦勃朗充分利用了"干针技法"的这种特性，在制作版画时特意制作出天鹅绒般的毛刺区域，以此表现丰富而柔软的黑色，并在作品中营造出柔和的光线效果，从而成功地在版画创作中呈现出油画作品中反复渲染而形成的光影氛围。

《市川团藏与大谷广次之草摺引》

The Kabuki actors Ichikawa Danzo and Otani Hiroji I in a version of the 'Kusazuri-biki' scene from Soga plays

作者＼鸟居清倍
时间＼1697 年
材料＼超大版丹绘
尺寸＼32.2 厘米 × 53.4 厘米

“曾我兄弟复仇”的故事是歌舞伎剧目的一个传统段子《草摺引》。“草摺引”的歌舞伎剧目受到当时江户市民的广泛喜爱，而且还被改编为谣曲、净琉璃等题材反复上演。日文中的“草摺”是指武士盔甲的下摆，“草摺引”就是抓住对方甲胄往外拉。鸟居清倍这张版画表现的是，血气方刚的曾我五郎穿着铠甲闯进酒宴，紧紧抓住仇敌工藤祐经的甲胄下摆，两个人奋力争斗，打作一团。在江户时代的社会观念中，哥哥曾我十郎是冷静沉着优美的知性派，而弟弟曾我五郎则是粗犷的武斗派，特别适合华丽奔放的江户歌舞伎表演。在这个意义上，曾我兄弟是作为新秩序的象征而诞生的年轻、帅气、勇武的兄弟神，在江户时代大受欢迎。

鸟居清倍生卒年不详，可能是鸟居清信的弟弟或儿子。与鸟居清信相比，鸟居清倍的线条显得更加生动，具有强烈的视觉冲击力，色彩也更加鲜明而富于装饰性。他笔下的人动态激烈、性格鲜明，尤其适于表现打斗等戏剧性场面。此外，他的作品还常常以豁达的趣味表现元禄时期的歌舞伎趣事，特别是用黑色来绘制人物的轮廓，用橙色来填涂人物的身体，不仅形成了鲜明的个人特色，也推动鸟居派浮世绘的艺术风格渐趋定型。此外，他还开创了“葫芦描”的特殊笔法，将人物手臂和腿部的肌肉画成葫芦的样子，使人物的肌肉的表现看上去夸张而扎实有力，并借此表现出江户歌舞伎豪爽的时代气息。

鳥居清信

《王士祯与朱彝尊合像》

— *Portrait of the poets Wang Shizhen and Zhu Yizun* —

作者 \ 罗聘（1733—1799 年）
时间 \ 1773 年
材料 \ 纸本水墨
尺寸 \ 56.6 厘米 × 167.5 厘米

朱彝尊和王士祯在清代文坛有“南朱北王”之称。虽然两人各自的单人画像多有传世，但他们的合像却极为罕见，罗聘的这件《王士祯与朱彝尊合像》轴是目前所知两人唯一的合像。

王士祯（1634—1711 年），今山东桓台县人，清初诗人、文学家、诗词理论家，在诗文方面卓有成就。朱彝尊（1629—1709 年），今浙江嘉兴人，清代文学家、词人、学者、藏书家，肆力于古学，专事搜剔金石。朱彝尊和王士祯先后进入翰林院，后出入南书房，他们围绕在康熙皇帝的身边，并与帝王保持着较为频繁的互动和密切的往来，王士祯曾主盟康熙时期的诗坛，而朱彝尊更是凭借才识与博学，以布衣的身份从文化边缘走到了权力的中心。他们扬名官场，更在文坛获得盛誉，很快便名满天下。乾隆时期诗人董元度（1712—1787 年）更是邀请“扬州画派”画家罗聘绘制了两人的合像，表示对他们的景仰。

画面中，两个文人站在古松之下，他们都头戴斗笠、身穿长衫，右侧的王士祯脚蹬黑色布鞋，方脸长髯，双手抱于胸前，右手翘起手指，做捻须状；左侧的朱彝尊，圆脸短须，身型略显富态，左臂至于腹前，右手袖于身后，侧身向着王士祯的方向，似乎正要说话。在罗聘的笔下，两位名士以“山林散人”的造型出现于古木苍石的山水场景中，代表了其人格的高洁和道德上的古风。

罗聘（1733—1799 年），今江苏扬州人，“扬州画派”另一代表画家金农（1687—1763 年）弟子。该图有罗聘自题：“竹垞先生、渔洋山人合像，乾隆三十八年岁在癸巳四月二十日，曲江先生属扬州罗聘拜写，时在东昌府署拜石听松之轩。”钤朱文长方印“两峰”和朱文方印“写真不貌寻常人”。“乾隆三十八年”为 1773 年，罗聘时年 41 岁。罗聘自题中的“竹垞先生”为朱彝尊，“渔洋山人”为王士祯，“曲江先生”是董元度。

竹垞先生漁洋山人合像
乾隆三十八年歲在癸巳四月二十日
凸江先生屬揚州羅聘拜寫時在
東昌府署拜石聽松之軒

《斗彩团龙纹罐》

Porcelain Jar decorated in doucai

地点 \ 中国
时间 \ 约 1723—1735 年
材料 \ 瓷、斗彩、釉下彩
尺寸 \ 高 24.1 厘米，直径 17.3 厘米

斗彩，又称“逗彩”，创烧于明宣德时期（1426—1435 年），于成化时期（1465—1487 年）达到鼎盛。清代康雍乾三朝，斗彩瓷器的制作工艺和审美特征又有了新的发展。斗彩的制作工艺通常是先在瓷器胚体上青花描绘花纹轮廓，而后在其表面均匀地施以透明釉，经过高温烧制后，再在成形的釉面上继续填绘各种彩料，然后二次进入低温窑烘烧而成。斗彩瓷器具有釉色莹润、彩绘精细、色彩绚丽等特点，在红、黄、绿、紫、赭色之外，还有粉色、胭脂红、藕荷、玫瑰等多种颜色。因为烧制难度较大，所以烧成率低，颇为珍贵。在斗彩的历史中，成化斗彩是最成熟精美的。成化斗彩又分为点彩、覆彩、染彩、填彩等几类施彩方法，成品以小巧别致的口杯为主，如鸡缸杯、盅式杯、小把杯等。

这件斗彩团龙纹罐，具有罐直、短颈、丰肩、鼓腹、下腹弧收、卧足、平底等特点。胎体白细坚硬，通体白釉，釉面光洁莹亮，淡雅滋润。外壁以斗彩装饰，以青花细线勾勒花纹轮廓，肩部绘八宝绶带纹，线条飘逸，上下各绘一周绿色如意云纹状边饰带；腹部绘五条团龙纹，龙为五爪，分别施以紫色、绿色、黄色，龙纹之间上下分绘有如意形卷草纹，腹底端绘变体莲纹一周，其下为青花双弦纹。足底中心有青花双圈内书“大清雍正年制”双行楷书款，字体工整，端庄秀丽，青花色泽淡雅，凸显了清代雍正御窑瓷器的典型风格。

《粉彩九桃纹天球瓶》

Porcelain Jar decorateda with peach branch and flowers

地点 \ 中国
时间 \ 约 1736—1795 年
材料 \ 瓷、釉上彩
尺寸 \ 高 52 厘米

这件粉彩九桃纹天球瓶，瓶身直、口微撇，直颈，丰肩，浑圆腹，浅隐圈足。胎身细白，通体内外均施白釉，微泛淡青，釉面光洁莹润，足沿无釉。外壁以粉彩绘制一株桃树，由底部沿腹部至颈部蜿蜒而上，树干曲折，树叶茂盛，桃枝上有九颗硕大饱满的蟠桃。蟠桃粉色娇艳欲滴，桃枝的旁边衬着一簇月季花。足底心有青花“大清乾隆年制”三行篆书，字体方正工整。

在中国传统文化中，桃子是长寿的象征。王母娘娘蟠桃园中的桃树开了数千年。清代康雍乾三朝的许多物品都被做成桃子的形状，以此代表了一种吉祥的寓意和祈愿。

《通俗水浒传豪杰百八人之一 中箭虎丁得孙》

Tsuzoku Suikoden Goketsu Hyakuhachi-nin no Hitori

作者 \ 歌川国芳
时间 \ 约 1828 年
材料 \ 大版锦绘
尺寸 \ 26.5 厘米 × 37.9 厘米

丁得孙是《水浒传》一百零八将之一，因面颊及全身都有疤痕，人称中箭虎。原来是东昌府将领没羽箭张清手下的副将，在与梁山人马交战时，被燕青一箭射中马蹄坠马被俘，自此投靠梁山。梁山受招安后，在征讨方腊的过程中，丁得孙随卢俊义攻取歙州和昱岭关。将要攻下歙州之际，丁得孙被山路草丛中的毒蛇咬伤致死，死后被追封义节郎。歌川国芳将这一情节演绎为丁得孙与巨蛇殊死搏斗，巨蛇缠绕形成的动感令画面触目惊心，渲染了人物的英雄气概。

宋元史料中并没有关于丁得孙的记载，其他的史籍和元杂剧、水浒戏等早期水浒故事和文学中也没有他的故事，这一角色应该是小说《水浒传》的虚构。歌川国芳的绘画表现充分渲染了英雄的魅力，画面充满了跃动感，深得男女老少的喜爱。

歌川国芳（1798—1861 年）号一勇斋、朝桜楼，是日本江户时代浮世绘歌川派的大师之一。他于 1811 年成为歌川丰国的弟子，1814 年出师并取艺名歌川国芳。和歌川派其他画家一样，他开始是创作戏画，但生意不佳，甚至不得不以修理榻榻米为生。因此，在相当长的时间中，歌川国芳只能默默无闻地暗自努力，直到“通俗水浒传”系列问世，他的作品才终于受到江户民众的广泛喜好，他本人也因此而一举成名，获得了“武者国芳”的美誉。

通俗水滸傳豪傑百八人之一個
中箭虎丁得孫
永昌府の産馬上より
鏃を飛ばする妙を
より鈒州の
路にて毒蛇
に出あふ
一勇齋國芳画

艾尔米塔什博物馆

The Hermitage Museum

卢浮宫博物馆

大都会艺术博物馆

大英博物馆

普拉多博物馆

艾尔米塔什博物馆

The Hermitage Museum

“文化一直伴随着我们。它蕴含着一个民族的基因和历史代码。……文化，包括今天的文化在内，象征着世界中的俄罗斯。文化是一个无法从我们手里被抢走的东西，也是我们无论如何都不能失去的东西。”

——艾尔米塔什博物馆馆长米哈伊尔·彼奥特罗夫斯基（Mikhail Piotrovsky）

图 1. 圣彼得堡的冬宫广场

图 2. 艾尔米塔什剧院的内厅

位于圣彼得堡涅瓦河畔的艾尔米塔什博物馆（又称国立艾尔米塔什博物馆），是俄罗斯规模最大、历史最久远的博物馆，与巴黎的卢浮宫博物馆、纽约的大都会艺术博物馆、伦敦的大英博物馆、马德里的普拉多博物馆并称为世界五大博物馆。

它由冬宫沿岸街的多个宫殿组成（图 1），其中五座建筑现对外开放，它们分别是：冬宫（Winter Palace）、小艾尔米塔什（Small Hermitage）、大 / 老艾尔米塔什（Great Hermitage / Old Hermitage）、艾尔米塔什剧院（Hermitage Theatre）（图 2）、新艾尔米塔什（New Hermitage）（馆中馆）。除此之外，艾尔米塔什博物馆还包括缅希科夫宫（Menshikov Palace）、沙皇瓷器厂博物馆（Museum of Porcelain）、总参谋部大楼（General Staff Building）的东翼和贮藏库（Storage Facility at Staraya Derevnya）等。随着时代的发展，博物馆还在俄罗斯的历史文化名城喀山（Kazan）、重要的港口城市维堡（Viborg）以及荷兰首都阿姆斯特丹开设了多家分馆。

作为俄罗斯的艺术与文化中心，艾尔米塔什博物馆由俄国女皇叶卡捷琳娜二世（Catherine II）——被后世奉为叶卡捷琳娜大帝（Catherine the Great）（图 3），于 1764 年创建，距今已有两个半世纪的历史。十月革命后，苏维埃政府把整个冬宫划拨给艾尔米塔什博物馆，再次扩大了博物馆的体量。1922 年，国立艾尔米塔什博物馆正式成立。

目前，艾尔米塔什博物馆的藏品总量高达三百万件，不仅拥有达·芬奇、拉斐尔、米开朗基罗、提香、伦勃朗、卡拉瓦乔、委拉斯贵支、鲁本斯等几乎所有古代大师的经典绘画，而且还有莫奈、雷诺阿、德加、梵·高、高更、塞尚等印象派和后印象派名家的佳作，以及马蒂斯、毕加索、马列维奇、康定斯基等一大批现代艺术巨匠代表性作品。此外，价值连城的文物、珠宝、钟表、雕塑和装饰艺术也都是艾尔米塔什博物馆中光彩闪耀的瑰宝。规模宏大、体系完备的收藏让艾尔米塔什成为了艺术史学者、艺术爱好者和钟情于艺术探宝的博物馆迷们心驰神往的艺术圣殿。

图 3. 老约翰·巴普蒂斯特·冯·兰皮（Johann Baptist von lampi），《叶卡捷琳娜二世的肖像与力量和真理的寓言人物》（*Portrait of Catherine II with Allegorical Figures of Strength and Truth*），1793 年，布面油画，290 厘米 × 208 厘米

一、始于“隐居之地”

艾尔米塔什（Hermitage），原自古法语 hermit，意为隐士或隐士的住所。它是当时俄罗斯文化精神中的一个关键概念，用来形容偏僻的隐秘之地——那里没有仆人和随从，角落里摆满了来自异域的奇珍异宝，统治者及其友人可以尽情地欢聚宴饮，是一个放松身心的人间乐园。

奉女皇叶卡捷琳娜二世之命，建筑师尤里·维尔滕（Yuri Velten）于 1765 年至 1766 年在冬宫旁为其修建了这样一个理想的“隐居之地”——小艾尔米塔什，一座实际上并不小的浅绿色两层建筑（图 4），里面都是宫殿般的奢华房间。这座建筑将已不再流行的巴洛克风格和当时正在流行的古典主义元素相结合，造型古朴、比列协调，与一旁巴洛克风格的冬宫形成了一种美妙的平衡。此后的三年间（1767 年至 1769 年），建筑师瓦尔林·德拉莫特（Vallin de la Mothe）在这座建筑的南边为女皇修建了另一座楼阁（pavilion），供她和最亲密的朋友们消遣娱乐，其中包括一个国宾室、几个客厅和一个温室。南馆和北馆最终由一个空中花园（图 5）连接起来，而整个建筑群的名字取自北馆，至今仍被称为“小艾尔米塔什”。

1771 年，女皇叶卡捷琳娜二世再次命令建筑师尤里·维尔滕在小艾尔米塔什旁边建造一座三层楼的新建筑，这就是后来的大艾尔米塔

图 4. 小艾尔米塔什的正面

图 5. 小艾尔米塔什的空中花园

什——一座经典的 18 世纪新古典主义风格建筑。这座更加宏大的“隐秘之地”，汇集了女皇不断增加的图书与艺术品收藏。

1792 年，意大利建筑师贾科莫·夸伦吉（Giacomo Quarenghi）扩建了大艾尔米塔什的新空间，即著名的拉斐尔走廊（Raphael Loggias）。这个走廊跨在冬季运河（Winter Canal）之上，连接了大艾尔米塔什和艾尔米塔什剧院（建于 1783 年）。据说，女皇在 1775 年访问梵蒂冈后对拉斐尔的壁画念念不忘，于是便下令将梵蒂冈的拉斐尔长廊及其画作复制到自己的宫中。最终，在大艾尔米塔什拉斐尔走廊的两端、柱子、屋顶、圆拱和墙上等处，共复制了五十二幅拉斐尔风格的圣经题材绘画，描绘了上帝创造人类和天地万物等经典场景。

这位废黜自己丈夫、通过政变掌权的传奇女皇，并非俄罗斯人，她出生于普鲁士，受过良好的教育，统治俄罗斯长达三十四年，在内外政策上都表现出了政治智慧和统治手段。也正是她执政期间建造的小艾尔米塔什和大艾尔米塔什，构成了今天艾尔米塔什博物馆的雏形。

二、博物馆的组成与历史

1. 冬宫

坐落在圣彼得堡宫殿广场上的冬宫（图 6），曾是俄罗斯帝国沙皇的皇宫，十月革命后划拨为了国立艾尔米塔什博物馆的一部分。这座

俄罗斯新古典主义的经典建筑，始建于1754年。当时的伊丽莎白·佩特罗夫纳女皇（Empress Elizabeth Petrovna）委托意大利建筑师巴托洛梅奥·弗兰西斯科·拉斯特雷利（Bartolommeo Francesco Rastrelli）为自己设计一座巴洛克风格的新冬季住宅。新宫殿的建造历时八年多，涵盖了女王统治的最后几年和彼得三世（Peter III）的短暂统治时期。1763年秋天，女皇叶卡捷琳娜二世在莫斯科加冕后返回圣彼得堡，成为了冬宫的新主人。

最初的赞助人伊丽莎白·佩特罗夫纳女皇希望新宫殿的豪华程度能超过当时欧洲所有的皇家宫殿，因此投入了巨额的资金和大量的劳动力，据说包括当时俄罗斯最伟大的专家在内的超过四千人参与了这项工程。一份资料显示，整个宫殿需要进行装饰的房间有四百六十多个……显然，建筑师很难依照最初蓝图原原本本地完成这项浩大的工程，况且，彼得三世之后的叶卡捷琳娜大帝又是一位崇拜新古典主义的君主，于是冬宫便顺理成章地从最初的巴洛克风格转向了新古典主义。

直到19世纪30年代，这座气魄和规模都令人惊叹的庞大建筑已经发展出众多极富特色的内部空间，例如约旦楼梯（The Jordan Staircase）（图7）、孔雀石厅（Malachite Room）、阿拉伯大厅（The Arab Hall）、小（庞贝）餐厅[Small（Pompeii）Dining-Room]、亚历山大大厅（The Alexander Hall）（图8）、元帅大厅（Fieldmarshals' Hall）、圣乔治大厅（St. George's Hall）、1812年军事画廊（The Military Gallery of 1812）和彼得大帝纪念厅（Memorial Hall of Peter the Great）等等。

图6. 冬宫正面

孔雀石厅（图 9）是卓越的历史主义风格设计师亚历山大·布留洛夫（Alexander Bryulov）的杰作，他的这种风格主导了整个 19 世纪的建筑时尚。19 世纪 30 年代，伴随着乌拉尔（Ural）矿区巨大的孔雀石矿床的发掘，这种石材在整个俄罗斯境内得到了广泛的应用。这间连接宫殿主殿和皇帝尼古拉一世（Nicholrs I）的妻子、皇后亚历山德拉·费奥多罗夫娜（Alexandra Fyodorovna）私人房间的空间中，也大量使用了这种孔雀石，甚至造就了它最令人称叹的艺术特点，这些带有金属光泽的、石绿色爱奥尼克壁柱与金灿灿的壁炉台、镀金门、复杂的天花板装饰组合在一起，形成了奢华炫丽的装饰效果。

阿拉伯大厅是基于古代建筑风格影响而建造的，它的得名与于当时沙皇宫廷普遍使用埃塞俄比亚仆人这一现象有关，他们通常以警卫的身份出现在各种招待会上，形成一种鲜明的时代特点。

小（庞贝）餐厅是为亚历山大·尼古拉耶维奇大亲王（Grand Prince Alexander Nikolayevich，后来的亚历山大二世皇帝）与黑森—达姆施塔特（Hessen-Darmstadt）公主玛丽亚·亚历山德罗夫娜的婚礼设计的。这是新娘的私人房间，整体以白色为基调，装饰优雅，墙上悬挂着皇家壁毯厂制作的精美丝绸壁毯，天花板上悬挂着天然水晶制成的水晶灯。

相较于其他金光闪闪的大厅，以纪念沙皇亚历山大一世（Alexander I of Russin）战胜拿破仑为主题的亚历山大大厅显得比较典雅。它以蓝白色为主调，是哥特式风格与古典风格的结合。大厅的天花板上有五个白花暗纹的巨大圆形，每个圆心都悬挂着一盏花形的金色吊灯，显得庄重而华贵。这个大厅现在是展示 17 至 18 世纪的西欧银器的展厅。

元帅大厅的特色展品是一组被授予元帅军衔的俄国将军的全身肖像。这是一个朴素的房间，白色大理石质地的爱奥尼克圆柱装饰了房间的两侧，大厅的中央挂有三盏金碧辉煌的青铜镀金大吊灯，地板则采用了混色镶木的方式铺设。这里曾经是俄国沙皇举行隆重的授勋与任命仪式的房间。

图 7. 冬宫的主楼梯约旦楼梯

图 8. 亚历山大大厅

圣乔治大厅（图 10），又称御座厅，由著名建筑师贾科莫·夸伦吉于 1787 年至 1795 年间建造，是俄国新古典主义国家室内设计的极佳范例之一。这间 800 平方米的宏伟大厅，拥有两层窗户和双层的科林斯粉色大理石柱，白色、灰色、淡红色、蓝色大理石和闪闪发光的镀金青铜装饰配件，以及各种名贵木材制成的镶木地板。贾科莫·夸伦吉为女皇叶卡捷琳娜二世设计的宝座位于在大厅的一端，宝座上装饰着手持盾牌的寓言式人物，人物手上还拿着押印了叶卡捷琳娜大帝字样的盾牌。这些都使这座大厅成为冬宫中最耀眼的一个建筑奇迹。

1812 年军事画廊（图 11）建于 1826 年，用以纪念拿破仑战争中牺牲的俄国将士。透过彩绘拱顶上的天窗照射进来的日光让这里显得非常明亮，画廊的墙壁上分五排悬挂了三百三十二幅表现英雄将军的肖像画，这些作品由英国艺术家乔治·达维（George Dawe）创作，俄罗斯艺术家亚历山大·波利亚科夫（Alexander Polyakov）和威廉·戈利克（Wilhelm Golike）也参与其中。1812 年的卫国战争是俄罗斯历史上浓墨重彩的一笔，而 1812 年军事画廊也因此成为了俄罗斯爱国主义教育的重要基地。

建于 1833 年的彼得大帝纪念厅（图 12）又称小御座厅，它的装饰华丽而庄严：深红色天鹅绒覆盖的墙壁上，原本装饰着一千只镀金的青铜双头鹰，后来这些鹰又被换成了银线制作的绣品。侧墙上挂着两幅庆祝彼得大帝战胜瑞典查理十二世的画作：波尔塔瓦战役（The

图 9. 孔雀石厅

图 10. 圣乔治大厅

图 11. 1812 年军事画廊

图 12. 彼得大帝纪念厅

Battle at Poltava）和莱斯纳亚战役（The Battle at Lesnaya）。另外，还有雅各波·阿米戈尼（Jacopo Amigoni）赞美彼得大帝的寓言画《彼得一世与密涅瓦》（*Peter I with Minerva*），1731 年尼古拉斯·克劳森在伦敦制造的镀金银王座，以及银烛台等。

图 13. 皮埃尔·玛丽—约瑟夫·韦内特（Pierre Marie-Joseph Vernet），《1837 年 12 月 17 日冬宫大火》（*Fire at the Winter Palace, December 17*），1837—1838 年

令人遗憾的是，1837 年冬宫发生了一场大火（图 13），冬宫的内部装饰几乎全部毁于一旦。火灾发生于 12 月 17 日晚上，大火从通风系统迅速涌入元帅大厅，仅仅几分钟后，大厅的木墙就倒塌了，火焰随后便蔓延到宫殿的各个房间，势不可挡。皇帝尼古拉一世（Nicholas I）赶到时发现已无力阻止火焰的肆虐，所有的救援行动都只能调整为尽力从烈火中抢救重要文物。为了防止火焰蔓延到小艾尔米塔什，救援队甚至不得不尽快拆掉连接元帅大厅和冬宫的通道。史无前例的大火最终摧毁了这座豪华宫殿的整个内部，也摧毁了宫殿所代表的那段历史。但雄心勃勃的尼古拉一世决定排除万难迅速对它进行修复，仅仅十五个月后的 1839 年春天，王室就搬回了这座重新修葺后的宫殿。在尼古拉一世的要求下，伟大的工匠们甚至完全复原了宏伟的巴洛克约旦楼梯、大大小小的教堂建筑，以及各个独具特色的房间。

2. 帝国艾尔米塔什博物馆

19 世纪，伴随着欧洲的民族国家概念的形成以及人类学作为一门学科的兴起，各国开始陆陆续续地修建代表国家意识形态的国家博物馆和呈现世界文化的民族学博物馆，俄罗斯帝国也不例外。1852 年 2 月 5 日，帝国艾尔米塔什博物馆在皇帝尼古拉一世的主持下举行了开幕式，随后在艾尔米塔什剧院为这一盛事举行了一场特别演出。

为了这座伟大的帝国博物馆的建立，皇帝尼古拉一世早在 30 年代末期就开始着手对艾尔米塔什进行改造。1838 年，他邀请了德国建筑大师利奥·冯·克伦茨（Leo von Klenze）对艾尔米塔什博物馆进行扩建改造，并增设一个公共入口。作为古典复兴建筑最杰出的代表人物，克伦茨为艾尔米塔什博物馆修建了一座历史主义风格的朴素

图 14. 新艾尔米塔什正面

且宏伟的门廊。门廊由灰色花岗岩雕刻的 5 米高的亚特兰蒂斯雕像支撑，内部房间也是根据展出的藏品设计的，例如：拥有双层挑空和华丽天窗的大厅用于绘画藏品的展出，而一楼的房间则用于文物的收藏陈列。

在一系列改造中，小艾尔米塔什的亭子大厅（The Pavilion Hall of the Small Hermitage）是宫殿建筑群中极好的改造案例之一。它由俄罗斯折中主义风格最重要的建筑师安德烈·斯塔肯施奈德（Andrey Stackenschneider）设计，将文艺复兴风格、哥特式和东方的主题相结合，创造了一个由白色和金色构成的开敞明亮的空间。白色大理石柱廊支撑着一个开放式的画廊，大厅的天花板和拱廊都用镀金灰泥装饰得雍容华贵，而大理石的壁炉和喷泉则由彩色石头切割而成，与整体建筑相得益彰，二十八盏大大小小的水晶吊灯将整个大厅照得熠熠生辉。

新艾尔米塔什（图 14）也在 1852 年配合着伟大的帝国艾尔米塔什博物馆的开幕而竣工。这一扩建工程，是在 1839 年由刚刚搬回冬宫居住的尼古拉一世提出的，这个新空间位于大艾尔米塔什的背后。至此，小艾尔米塔什、大艾尔米塔什、新艾尔米塔什、艾尔米塔什剧院和冬宫，五座建筑组成了庞大的建筑群，在十月革命后被统称为我们今天所知的国立艾尔米塔什博物馆。

3. 十月革命以后的博物馆

从 1904 年起，冬宫实际上不再是皇室居住的宫殿，而只用于举行重大仪式。沙皇俄国的末代皇帝尼古拉二世（Nicholas II）更喜欢住在圣彼得堡附近普希金市（Tsarskoye Selo）的亚历山大宫。

第一次世界大战期间，冬宫的内部发生了根本性的变化。例如，1915 年 10 月，冬宫被征用为战时国家医院，并一直持续到 1917 年 11 月。这期间，军械库大厅（Armorial Hall）被当作手术室使用，而彼得大帝纪念厅则是值班医生的工作室，尼古拉斯大厅（galleries of the Nicholas Hall）安置了医院的工作人员，军事画廊成了医疗物资储藏室，主楼的门廊则被用作餐厅……战争期间，出于安全考虑，博物馆的大部分藏品已被送往莫斯科，直到 1921 年才重新回到这里（图 15、图 16）。

1917 年 8 月初，尼古拉二世及其家人被流放到西伯利亚。政府宣布将整个皇宫及其藏品国有化，并成立了艺术和历史委员会，负责清点冬宫的珍宝和郊区宫殿的其他皇家财产。此后，临时政府搬进了尼古拉二世和皇后的私人房间，古老的家具被普通的办公家具所取代，帆布覆盖了墙壁上的丝织品和名画，孔雀石厅被当作议事厅使用，尼古拉二世的书房则变成了会议室。

1917 年 10 月 25 日晚，布尔什维克革命爆发。1917 年 11 月，苏

图 15. 冬宫中的临时政府军队，摄影师 K.K. 库布什摄于 1917 年

图 16. 冬宫中的一间病房，摄影师 I. 奥楚普（I. Otsup）摄于 1915 年 10 月

维埃革命军事委员会宣布冬宫和艾尔米塔什成为国家博物馆。不久后，公众就可以在冬宫的国宴室听讲座、看电影和欣赏音乐会了。到 1920 年 11 月，被疏散到莫斯科的藏品全部回到了博物馆。在接下来的两年中，艾尔米塔什的各类展厅开始陆续向公众开放，观众可以免费参观的门票政策前后维持了大约五年。

1920 年 1 月 11 日，苏维埃政府决定在冬宫建立十月革命博物馆（Museum of the October Revolution），展出俄罗斯解放运动和十月革命的历史文献，同时也展示帝国时期皇帝和皇后的房间，以揭露皇室在民众忍饥挨饿岁月中的奢华生活。十月革命博物馆于 20 世纪 30 年代中期关闭，第二次世界大战后，冬宫才真正成为一座统一管理的博物馆。

伴随着 20 世纪 20 年代苏联全域私有财产国有化的进程，俄罗斯贵族官邸和宫殿的珍贵物品被划归到包括艾尔米塔什在内各博物馆名下，同时，各博物馆之间也进行了合理化的藏品再分配。伴随这一过程，艾尔米塔什的藏品得到了进一步的扩充，特别是来自叶卡捷琳娜宫（Catherine Palace）、亚历山大宫、斯特罗加诺夫宫（Stroganov Palace）和尤苏波夫宫（Yusupov Palace）的艺术收藏以及来自圣彼得堡的欧洲大师作品的涌入，使艾尔米塔什在藏品扩容和展厅扩建的过程中，逐渐发展为世界级的博物馆。

1981 年，修复后的门希科夫宫（Menshikov Palace）成为艾尔米塔什博物馆的一个新展区，用于展示 18 世纪初的俄罗斯文化；1993 年，俄罗斯政府将宫殿广场对面总参谋部大楼的东翼交给了艾尔米塔什管理；1999 年，艾尔米塔什在原有空间的基础上又增加了新的展厅；2003 年，冬宫庭院也向公众开放了。

三、博物馆的收藏

1. 始于叶卡捷琳娜二世的收藏

1764 年，叶卡捷琳娜二世从富有的柏林商人约翰·戈茨科夫斯基（J.E. Gotzkowsky）那里购买了一批画作，从而开始了她的艺术收藏。这批画作本是戈茨科夫斯基为普鲁士国王腓特烈二世（King Frederick II of Prussia）准备的，他是腓特烈二世的艺术品采购代理人之一，负责为皇家收藏购买艺术品。腓特烈二世已拥有大批精美的法国 18 世纪

图 17. 伦勃朗，《下十字架》，1634 年，布面油画，158 厘米 × 117 厘米

绘画，并命令戈茨科夫斯基为他购买一些欧洲大师的作品。戈茨科夫斯基对腓特烈二世的委托尽心尽力，几年时间就收集了大量的艺术精品，但此时的普鲁士国王在七年战争中损失惨重，故而拒绝了对这批艺术品的购买。于是，戈茨科夫斯基被迫四处寻找其他买家，并请求俄国皇室收购这批作品。叶卡捷琳娜二世很高兴借此机会伤害腓特烈二世的自尊心，并以此证明虽然俄国的损失不亚于普鲁士，但买下这批艺术品仍然不在话下。这批艺术品主要是荷兰和佛兰德斯的绘画，包括伦勃朗创作于 1636 年的《丹娜伊》和 1634 年的《下十字架》（*Descent from the Cross*）（图 17），弗兰斯・哈尔斯的《戴手套的年轻人肖像》和扬・斯丁的《闲人》等杰作，以及其他一些 17 世纪的意大利绘画。在完成了小艾尔米塔什的扩建后，叶卡捷琳娜将这批藏品放在那里。此时的艾尔米塔什并不是一个公共博物馆，很少有人被允许参观，但这批藏品构成了今天艾尔米塔什博物馆藏品的基础。

此后，叶卡捷琳娜不断地从最杰出的收藏家那里获得最好的藏品。1769 年，叶卡捷琳娜获得了布鲁尔伯爵（Count Bruhl）的藏品，这批藏品于当年夏天抵达圣彼得堡，其中包括六百多幅绘画以及大量的版画和素描。萨克森州的冯・布鲁尔伯爵曾效仿奥古斯都三世国王收集艺术品，在他的秘书、著名鉴赏家海因里希・冯・海涅肯（Heinrich von Heinecken）的建议下，通过皇家艺术品代理人的渠道收集了大量艺术珍品。因此，在叶卡捷琳娜获得的这批藏品中，就包括伦勃朗的《学

图 18. 雅各布·埃萨克兹·凡·雷斯达尔（Jacob Isaacksz van Ruisdael），《湿地》（*The Marsh*），约 1665 年，布面油画，72.5 厘米 × 99 厘米

图 19. 拉斐尔，《圣家族》，1506 年，布面油画与蛋彩画，转移自板面油画，72.5 厘米 × 57 厘米

者肖像》和《红衣老人肖像》、鲁本斯的《珀尔修斯与安迪洛美达》、尼古拉斯·普桑的《下十字架》、安托万·华托的《尴尬的求婚》以及雷斯达尔（图 18）的风景画等名家名作。

1772 年，女皇又收购了品位一流的银行家兼鉴赏家皮埃尔·克罗扎特男爵（Baron Pierre Crozat）的藏品。这批藏品中最精彩的部分包括拉斐尔的《圣家族》（*Holy Family*）（图 19）、乔尔乔内的《朱迪斯》、提香的《丹娜伊》、伦勃朗的《圣家族》以及保罗·委罗内塞的《圣母怜子》等杰作，另外还有彼得·保罗·鲁本斯的《酒神巴库斯》和《伊莎贝拉的侍女肖像》，以及安东尼·凡·戴克（Anthony von Dyck，1599—1641 年）的六幅肖像画（包括一幅自画像）（图 20）。除了意大利、佛兰德斯、荷兰地区的画作，藏品还包括大量 17 世纪和 18 世纪法国艺术家的作品，如路易·勒南、尼古拉斯·普桑、皮埃尔·米涅尔、尼古拉斯·德·拉尔吉利埃、安托万·华托、尼古拉斯·朗克雷和让·夏尔丹等人的绘画。

1779 年，罗伯特·沃尔波尔爵士（Sir Robert Walpole）的藏品被买入艾尔米塔什。这位沃尔波尔爵士是乔治一世和乔治二世统治时期的英国首相，也是 18 世纪上半叶著名的收藏家。爵士去世后，他的孙子乔治·沃尔波尔（George Walpole）决定将这些画作卖给女皇叶卡捷琳娜二世，并通过俄国驻英国特使 A.S. 普希金（A.S.Musin Pushkin）签订了收藏协议。沃尔波尔的藏品构成了艾尔米塔什有关 17 世纪意大利艺术收藏的基础，其中包括卢卡·佐丹诺的《巴库斯与乌尔甘的锻造》、萨尔瓦多·罗莎的《浪子》、《德谟克利特和普罗泰戈拉》以及圭多·雷尼的《对基督教无瑕教义提出异议的教父们》等经典作品。此外，鲁本斯的《石车》、《法利赛人西蒙家的盛宴》和几幅油画草图也包括其中。还有弗兰斯·斯奈德的《市场系列》和《鸟类音乐会》；尼古拉斯·普桑的《有圣伊丽莎白和施洗约翰的神圣家族》；穆里罗的《圣灵怀胎》和《牧羊人的崇拜》和伦勃朗的《以撒献祭》（*The Sacrifice of Isaac*）（图 21）。沃尔波尔藏品的加入使艾尔米塔什的收藏得到了极大的丰富。

图 20. 安东尼·凡·戴克，《自画像》（*Self-Portrait*），约 1622—1623 年，布面油画，116.5 厘米 × 93.5 厘米

1781 年，博杜因伯爵（Count Baudouin）的藏品进入艾尔米塔什，这是叶卡捷琳娜为艾尔米塔什收藏的最后一批重要作品，总计一百九十九幅绘画，大部分来自荷兰和佛兰德斯画派。今天的图画馆（The picture gallery）展示了这批收藏中的九幅，包括伦勃朗的《诗人杰里米亚斯·德·德克尔的肖像》、《一位老妇人的肖像》和《一位老人的肖像》等，以及安东尼·凡·戴克、阿德里安·范·奥斯塔德和萨洛蒙·范·鲁伊斯代尔的画作。

叶卡捷琳娜一生中收藏了至少四千幅画作，与西欧那些久负盛名的博物馆不相上下。叶卡捷琳娜对自己的收藏感到非常自豪，她的艺术收藏获得了广泛的认可，同时也借此将她统治下的俄国描绘成了一个开明的社会。叶卡捷琳娜偏爱艺术赞助人的身份，她特别喜欢以骁勇善战、智慧和守护艺术而著称的罗马女战神密涅瓦自居，不仅以“密涅瓦叶卡捷琳娜”（Catherine the Minerva）的名义创建了一批新的文学和文化机构，甚至还亲自发起和参与了一些戏剧写作类的艺术项目，并在后世成为了俄罗斯文化开明主义和保护艺术自由的象征。

图 21. 伦勃朗，《以撒献祭》，1635 年，布面油画，193 厘米 × 132 厘米

2.19 世纪的扩张

1814 年 3 月，亚历山大一世率军进入巴黎，拿破仑宣布退位。亚历山一世大通过私人协议购买了拿破仑前妻约瑟芬皇后存放于马尔梅松城堡（Château de Malmaison）的一批画作。马尔梅松城堡是约瑟芬婚后不久购买的，曾经是拿破仑最喜欢的住所，约瑟芬皇后在这里收藏了一批绘画和雕塑，其中一部分是拿破仑缴获的战利品，并作为礼物赠送给了自己的妻子。亚历山大一世从约瑟芬的继承人那里购买了三十八幅画作，尽管他的这一收购引起了一些政治上的强烈抗议，但亚历山大一世仍然坚持将这批艺术品送回圣彼得堡。这批藏品中最有价值的画作是安德烈亚·德尔·萨托的《有施洗者约翰的圣家族》、伦勃朗和鲁本斯绘制的两幅主题相同的《下十字架》、克洛德·洛兰的一组系列作品、杰拉德·特博奇的《柠檬水的玻璃》、加布里埃尔·梅苏的《早餐》和保卢斯·波特的《农场》。此外还包括四件安东尼奥·卡诺瓦（Antonio Canova）的著名雕塑：《赫伯》、《帕里斯》、《舞者》和《丘比特与普赛克》（图 22）。

图 22. 安东尼奥·卡诺瓦，《丘比特与普赛克》（*Cupid and Psyche*），1796 年，大理石，高 137 厘米

1850 年，艾尔米塔什从威尼斯贵族克里斯托福罗·巴巴里戈（Cristoforo Barbarigo）那里获得了一批藏品，其中包括五幅提香的绘画。此时的艾尔米塔什已经收藏有《丹娜伊》、《年轻女人的肖像》和《逃亡埃及》三件提香的作品，新增的五幅中包括《忏悔的抹大拉的玛利亚》和《圣塞巴斯蒂安》等提香的经典之作。

1861 年，艾尔米塔什从梵蒂冈购买了因挪用公款而被流放的业余考古学家、罗马圣母山银行（Monte di Pieta Bank）行长坎帕纳（Giampietro Campana）私人收藏中的一部分。这次的收购大部分是古典文物，包括五百多个花瓶、两百件青铜器和一些大理石雕像。

1865 年，艾尔米塔什从米兰的利塔伯爵手中购买了包括达·芬奇的《利塔圣母》在内的四幅绘画。此后，玛丽亚·亚历山德罗夫娜皇后（Maria Alexandrovna）于 1869 年向艾尔米塔什捐赠了拉斐尔的《圣母与圣子》。常驻巴黎的俄罗斯外交官亚历山大·巴西列夫斯基（Alexander Basilewsky）于 1878 年将自己 40 年间收藏的大批文物艺术品卖给了亚历山大三世（Alexander III），这些藏品包括早期基督教和拜占庭的艺术作品、罗马式和哥特式时期的物品、13 世纪和 14 世纪的象牙、12 世纪至 16 世纪莱茵河地区和利摩日的搪瓷、威尼斯和德国玻璃等，极大地丰富了博物馆的欧洲中世纪和文艺复兴时期收藏。

图 23. 达·芬奇，《柏诺瓦的圣母》（*Benois Madonna*），1478—1480 年，布面油画，49.5 厘米 × 31.5 厘米

图 24. 亨利 . 马蒂斯，《音乐》，1910 年，布面油画，260 厘米 × 389 厘米

1885 年，尼古拉一世创建的皇家武器和盔甲收藏从叶卡捷琳娜宫转移到了艾尔米塔什，再次丰富了博物馆的收藏。尼古拉一世是一位对骑士历史充满热情的皇帝，他的藏品由 15 世纪至 17 世纪的西欧武器和盔甲组成，还包括意大利、德国、西班牙和法国的军械师设计的独特物品以及东方战役后留下的武器、盔甲等各类军械。

3. 世界级的文化博物馆

1914 年，达·芬奇的《柏诺瓦的圣母》（图 23）进入艾尔米塔什，成为这座博物馆 20 世纪的第一件重要藏品。

在 20 世纪最初的 20 年间，来自凯瑟琳宫、亚历山大宫、斯特罗加诺夫宫（Stroganov Palace）、库舍列夫美术收藏（Kushelev Collection）、斯蒂格利茨学校博物馆（Museum of the Stieglitz School）等处的众多艺术珍品纷纷进入艾尔米塔什，使它在成为世界顶级博物馆道路上阔步前进。

第二次世界大战后，莫斯科新西方艺术博物馆（State Museum of New Western Art）的三百一十六件印象派、后印象派和现代艺术藏品于 1948 年移至艾尔米塔什。这些藏品大部分由谢尔盖·什丘金（Sergei Shchukin）和伊万·莫罗佐夫（Ivan Morozov）收藏，后收归国有。这批藏品包含了几乎所有 19 世纪末 20 世纪初的著名艺术家的画作，如马蒂斯的《红房间》、《舞蹈》和《画家的家庭》；毕加索的《两姐

图 25. 亨利·方汀·拉图尔，《柠檬、苹果、橘子和郁金香》（*Lemon, Apple, Orange, and Tulips*），1865 年，布面油画，47.7 厘米 × 39 厘米

图 26. 宫殿广场全貌 - 航拍照片

妹（参观）》、《面纱舞》和《三个女人》；皮埃尔·博纳尔的三联画《地中海》等。1956 年 4 月，艾尔米塔什和普希金博物馆联合组织了展览“12 到 20 世纪的法国艺术”（Works of French Art from the 12th to 20th Centuries），向世界展示了艾尔米塔什收藏的系统性和完整性。

1994 年 10 月，艾尔米塔什对外正式宣布，博物馆还秘密持有一批红军缴获的法国印象派和后印象派的画作，并于 1995 年 3 月在冬宫举办了名为“隐藏的宝藏”（Hidden Treasures Revealed）的展览。展出的七十四幅作品呈现了一百多年来法国绘画的全景，从卡米耶·科罗（Camille Corot）的风景画《悬崖》（*Cliffs*，约 1812 年），到亨利·马蒂斯的《音乐》（图 24）和德拉克洛瓦、库尔贝、杜米埃和拉图尔（图 25）等一批 19 世纪中期艺术家的作品。此外，雷诺阿的《在花园里》、梵·高的《夜晚的白房子》、图卢兹·劳特雷克的《带伞的女人》、乔治·鲁奥的《举起手臂的裸体》和毕加索的《苦艾酒》也都是经典中的经典。

正如北京的故宫与故宫博物院的关系一样，艾尔米塔什博物馆曾经也是一座辉煌的皇家宫殿，这里不仅是皇室成员的生活空间，也是皇室仆人们的工作场所，更是无数珍宝汇聚一堂的艺术圣殿。时至今日，包括政府高规格会议在内的各类盛大活动仍在这里举行。从这个意义上说，艾尔米塔什在见证历史进程的同时，也被其自身厚重的历史赋予了的丰富多彩的人文、艺术和精神的内涵：它不仅是曾经不可一世的俄罗斯帝国的重要象征和纪念碑，也是展示俄罗斯历史、文化和财富的地标性场所。它是圣彼得堡的城市中心，更是俄罗斯的精神中心。

对于热爱文化艺术的人来说，艾尔米塔什博物馆是一座当之无愧的艺术宝库，当我们置身其中，无论欣赏绘画还是品味雕塑，都可以通过对细节阅读、通过与艺术大师们的神交和对话，借着艺术的光辉走向历史的深处，在遥想昔日的同时，畅想文明的未来（图 26）。

艾尔米塔什博物馆

重磅藏品赏析

《阿蒙尼姆哈特三世雕像》

Statue of Amenemhat III

作者\中王国时期的无名工匠
时间\中王国时期，古埃及
材料\黑色花岗岩
尺寸\87 厘米×25 厘米

这尊雕像描绘了正坐在长方体座椅上的法老，他的双手端正地放在膝盖上。法老身穿皇家方格呢质短裙或围腰，这是一种仪式性的礼服，头顶部是只有法老才可以佩戴的那美斯式（nemes）头巾。法老的额头上方有一只仰着头的神圣的眼镜蛇乌赖乌斯（uraeus），它是古埃及神话中下埃及的女保护神。这尊法老雕像的太阳穴上还有一些明显的小缺口，目前推测这些缺口是为了固定某个现已丢失的金属头带。座椅的正面，有两个左右对称的柱子浮雕，上面刻着象形文字的铭文："年轻的上帝，仪式之主尼玛特拉（Rituals Nimaatra）。他身体的阿蒙尼姆哈特，是太阳神拉（Ra）之子，上埃及的保护神奈赫贝特（Nekhbet）的（挚爱）"。法老的面部脸相当宽，颧骨突出，杏仁状的眼睛很小，眼距较宽。法老的鼻梁高高隆起，嘴唇轮廓清晰，嘴角微微上扬，露出难以察觉的笑容。下巴是圆形的，中央部分有明显的标记，双耳硕大而夸张。

阿蒙尼姆哈特三世是中王国时期第十二王朝的第六代国王，在他统治期间，埃及达到了王国文化和经济的顶峰。此时的埃及雕塑仍然受到传统程式正面律的影响，比较制式化，形象也较为呆板。立像多呈僵直姿态，坐像则双膝并拢，面部表情几乎都是平静的。但这里阿蒙尼姆哈特三世略带微笑的面容塑造，提示出古埃及艺术风格的细微衍化：工匠们试图在不破坏整体规则的情况下，表达圆融自如的流畅。如果与古希腊的雕塑对比，古希腊人将神刻画为青春易逝的人类形象，古埃及人则将人间的法老刻画为进入永恒世界的静穆的半神。

《克利奥帕特拉七世女王雕像》

Statue of Queen Cleopatra VII

作者 \ 托勒密王朝时期的无名工匠
时间 \ 公元前 51—前 30 年，古埃及
材料 \ 黑色玄武石
尺寸 \ 105 厘米 × 18.5 厘米

克利奥帕特拉七世（约公元前 70 年或前 69 年—约前 30 年），是古埃及托勒密王朝的最后一任法老。在大量的文学艺术表现中，她被描述成一位用毒蛇自杀的女王。此后埃及成为了罗马帝国的一部分，直至 5 世纪西罗马帝国的灭亡。克利奥帕特拉才貌出众，机颖过人，一生充满戏剧色彩，在卷入到罗马共和国末期的政治旋涡中后，她在凯撒和安东尼之间周旋，并伴以种种传闻逸事，因此也被称为埃及艳后。

这尊雕像以立像的方式塑造了这位女法老，她穿着紧身连衣裙，左腿向前，头上戴着一顶假发，上面有三个乌雷（uraei）（古埃及法老头饰上的蛇形标记）。其头顶上方的一些装饰元素已经丢失，很可能是牛角和代表太阳神的羽翼日轮（solar disk）。女法老的左手拿着一个象征丰饶的羊角，右手拿着一个象征生命的饰物权杖安可（ankh），镶嵌的眼球已经佚失。这尊雕像没有铭文，只能根据图像和风格特征进行鉴定。最初，它被认定为是阿尔西诺二世（Arsinoë II），但这种扎实的人物的比例并不是早期托勒密雕塑的典型比例。另一方面，克利奥帕特拉七世的一个特点是有三个乌雷，她有时也会被描绘成拥有一个丰饶角，因此这里的雕塑更大的可能性是对她的致敬。

这座埃及雕像是为某座寺庙而建的，如同古代埃及几乎都遵照正面律的情况一样，表现的不是造型的写实而是意指的象征——女王看起来像一位女神，她有一个标准的身体和一张标准的脸。尽管如此，对她个性的塑造在一定程度上确实突破了传统，尤其是对鼻子的夸张表现（从侧面看尤其明显），这是埃及最后一位独立统治者的一个显著特征。

《作为朱庇特的皇帝屋大维·奥古斯都雕像》

Statue of Emperor Octavian Augustus as Jupiter

作者 \ 1 世纪时期的无名工匠
时间 \ 1 世纪上半叶
材料 \ 大理石
尺寸 \ 高 187 厘米

屋大维・奥古斯都（公元前 63 年—公元 14 年），在他的叔叔朱利叶斯・凯撒（Julius Caesar） 去世后成为了三头政治同盟的统治者之一。随后，他在亚克兴战役中击败马克・安东尼（Mark Antony），于公元前 31 年成为了罗马共和国唯一的统治者，并于公元前 27 年宣布自己为皇帝，采用了凯撒・奥古斯都的封号。屋大维的独裁统治一直持续到公元 14 年，但也结束了一个世纪的内乱，是罗马历史上一个相对和平与繁荣的时期。屋大维·奥古斯都的皇权也在这个阶段达到顶峰，许多公民为他树碑立传。

奥古斯都死后被继续神化，这件制作于公元 1 世纪上半叶的奥古斯都像，就是他的一位追随者在其统治期间建造的。屋大维・奥古斯都以朱庇特的身份坐在宝座上，朱庇特是罗马所有神中级别最高的首领。这件作品的原始模型来自公元前 5 世纪希腊雕塑家菲迪亚斯的奥林匹亚宙斯雕像，而奥古斯都在这里被表现得更加年轻俊朗和理想化。“神圣的裸体”只用于不朽的形象，而罗马人的肖像雕塑必须穿衣或加军装。屋大维・奥古斯都的雕像是奥古斯都古典主义的一个极好的例子，这是帝国早期的一种趋势，将罗马的现实主义传统与希腊的古典主义进行了结合。这座雕像是在那不勒斯西北部的库迈镇（Cumae）被发现的，并由一位意大利雕塑家依据屋大维・奥古斯都登基皇帝时的图像进行了修复，这些图像在古代硬币和雕刻的宝石上都可以看到。

《年轻女子像》

Portrait of a Young Woman

作者 \ 无名的法尤姆木乃伊肖像工匠
时间 \ 2 世纪上半叶
材料 \ 板上蜡彩
尺寸 \ 32.2 厘米 × 13.5 厘米

在公元 1 世纪的罗马时代，埃及兴起了一种制作墓葬肖像的习俗。人们在木板上画出死者的模样，然后将它放在已经做成木乃伊的尸体脸上，并最终包裹在木乃伊棺木内。这种为死者绘画的肖像被称为法尤姆木乃伊肖像（Fayum mummy portraits），它画得很精细，带着自然主义的特征，但缺乏强烈的个性，代表了一种理想美。在埃及被罗马统治的时期，罗马和埃及上流社会的木乃伊中常常可以见到这类肖像，是古典世界中极受推崇的艺术形式之一，这一流行一直持续到公元 3 世纪中叶。目前埃及各地都有发现木乃伊肖像，但在法尤姆盆地最为常见，尤其是在哈瓦拉（Hawara）和哈德良罗马城市安提诺波利斯（Antinoopolis）。不过，“法尤姆木乃伊肖像”通常被用来描述一种绘画风格，而不是肖像的发现地点。

木乃伊肖像出现的公元 1 世纪，此时的埃及已经被希腊和罗马统治者管理了三个多世纪，因此，这种艺术的特点一般呈现为古埃及和希腊罗马传统的结合。这些肖像画使用的是颜料与热蜂蜡混合在一起的蜡染技术，这一技术来自希腊。同时，木乃伊肖像中出现的服装、发型、珠宝饰品、睫毛、卷发等细节描绘，也来自于希腊罗马的经典传统。而缺乏生动个性的这个特点，则源于古代埃及特定的艺术准则，体现了对理想的追求。这幅肖像画绘制于几块木板拼合而成的面板上，描绘了一位年轻女子，人物的面部特征符合希腊的经典传统，画面还同时绘制了她红白相间的服饰的上半部分，整体呈现为“半胸像”的样式。这种样式是典型的木乃伊肖像：一张程式化的迷人的脸，但没有任何引人注目的个人特征。

《圣像：利西亚米拉大主教圣尼古拉斯》

Icon: St Nicholas the Archbishop of Myra in Lycia

作者 \ 诺夫哥罗德（Novgorod）画派画家
时间 \ 15 世纪初
材料 \ 石膏板蛋彩
尺寸 \ 107 厘米 × 82 厘米

这幅《圣像：利西亚米拉大主教圣尼古拉斯》是艾尔米塔什博物馆藏品中较古老的作品之一。它来自一座乡村的圣母诞生教堂（Church of the Nativity of the Virgin），该教堂曾属于一座同名的古老修道院。这尊圣尼古拉斯的圣像画最终在圣母诞生教堂的地下室中被发现，现有研究表明，它最初被存放在圣尼古拉斯侧礼拜堂中，而且这件圣象还保持了它“没有任何改动”的古老样貌，这座礼拜堂也因此而重新引起人们的关注。

米拉的圣尼古拉斯（270—343 年），是来自古代土耳其米拉的拥有希腊血统的早期基督教教徒。由于他曾创造了许多奇迹，而被称为“奇迹圣手尼古拉斯”（Nicholas the Wonderworker），他是水手、商人、弓箭手、悔改的盗贼、儿童、酿酒商、当铺商、未婚人士和学生的守护神，还曾因为给穷人秘密赠送礼物，而被塑造为圣诞老人的原型，同时也是早期罗斯基督教教徒最尊敬的圣人。在这幅诺夫哥罗德画派的圣像中，描绘了红色背景前的圣尼古拉斯的半身像，他穿着东正教主教礼拜时特制的披肩礼服，右手施予祝福，左手捧着《福音》书。这种表现圣徒的圣像画是 13 世纪诺夫哥罗德画派的传统，它们保留了构成俄罗斯艺术基础的拜占庭传统，并引入了更明亮的颜色、更平坦的形式、更柔和的面部特征，并常常使用优雅、有节奏的线条来勾勒轮廓，人物形体较为修长。16 世纪，诺夫哥罗德画派渐趋没落，莫斯科画派成为新的主流。

《圣母子》（《利塔圣母》）

Madonna with the Child（*Litta Madonna*）

作者 \ 列奥纳多 · 达 · 芬奇
时间 \ 1490—1491 年
材料 \ 布面坦培拉
尺寸 \ 42 厘米 × 33 厘米

这幅画是达 · 芬奇旅居米兰时的创作。艺术家于 1482 年搬到了米兰，受到了米兰大公、摄政王路德维柯（Ludovico il Moro）及其城民最热烈的欢迎，这是达 · 芬奇一生中最能施展抱负的时期。在这期间，艺术家不仅完成了这幅文艺复兴时期极完美的圣母子图像之一，还完成了他一生中最让人耳熟能详的佳作《岩间圣母》、《抚貂女子》和《最后的晚餐》，达到了他艺术创作的成熟阶段。

《圣母子》中，正在喂养孩子的美丽女人似乎是母性和母爱的缩影。三角形的人物构图简单而平衡，圣母玛利亚和年幼的基督采用了最完美的明暗处理。他们身后对称的窗户之外是一望无际的山脉景观，让人联想起所有的造物及其和谐浩瀚的世界。列奥纳多 · 达 · 芬奇，这位文艺复兴黄金时期最完美的天才，并不排斥传统的手法。在这件作品中，他使用了已经被油画取代的坦培拉画法，通过坦培拉特殊温润的材料特性使画面中的明暗对比更加细腻和精确，同时又通过将柔和的肉色、圣母上衣的鲜红和披肩的蓝色进行对比，凸显了传统、谦逊的圣母形象，而她蓝色的披肩又与远处蔚蓝的风景遥相呼应。明亮的色彩关系精妙地塑造出一种接近于雕塑般的坚实造型，形成了世间与天堂的绝美平衡。

1499 年，这件作品完成后的第 8 年，法国入侵，米兰的政局陷入混乱，内乱此起彼伏。1500 年春天，达 · 芬奇不得不离开米兰，返回了阔别以久的故乡。回到佛罗伦萨的时候，他仍然一贫如洗，唯有这些作品是画家辉煌与荣光的米兰宫廷生活的见证。这幅画的另一个名字《利塔圣母》，来源于利塔家族（The Litta），这是一个历史悠久的米兰贵族家族，历史上曾出现过两位红衣主教。在整个 19 世纪，这件杰作都是利塔家族的珍贵收藏。

《朱迪斯》

Judith

作者 \ 乔尔乔 · 巴巴雷里 · 达 · 卡斯特弗兰科，又名乔尔乔内
时间 \ 约 1504 年
材料 \ 画布油彩
尺寸 \ 144 厘米 × 66.5 厘米

艾尔米塔什博物馆所藏的这件《朱迪斯》，是意大利画家乔尔乔内为数不多的真迹之一，创作于 1504 年前后。这幅珍贵的绘画最初被认为是文艺复兴"三杰"之一的拉斐尔的作品，后来才被归于威尼斯画派画家乔尔乔内的名下。它于 1772 年进入冬宫，与其他同主题的画作一样，表达的主题都是女英雄朱迪斯如何通过个人魅力手刃将军荷罗芬尼斯（Holofernes）的故事。

"朱迪斯"是艺复兴时期非常受欢迎的历史题材之一：女英雄朱迪斯拯救了她的家乡，使那里免遭亚述人（Assyrian）的入侵，这个故事的原始文本包括《旧约》、《伪经》、《朱迪斯书》。在乔尔乔内的这件《朱迪斯》中，画家有意回避了描绘朱迪斯砍下敌方指挥官荷罗芬尼斯头颅那个场面的传统做法，而是创作了一个抒情的形象来表现她的壮举。同时，画面中清凉的晨曦和宜人的景色，也与朱迪斯迷人的身姿一起传达出这样一个观念：在这个整体统一而和谐的世界上，生与死是密不可分的。因此，虽然这是一幅历史题材的创作，却被表现得富于诗意，这也是乔尔乔内的独创风格，这类风格是如此优雅迷人，以至于很快在 16 世纪初的威尼斯广泛流行。女英雄朱迪斯抒情迷人的形象与清晨明丽的风景共同营造了一种诗意的沉思气氛，即使被朱迪斯踩在脚下的、被砍掉的敌方指挥官荷罗芬尼斯的头颅也不会扰乱这种气氛。

作为威尼斯画派的领军人物，乔尔乔内的作品在很大程度上决定了 16 世纪威尼斯绘画的发展。他与他的师弟、年轻的提香一起奠定了威尼斯画派对色彩和气氛的独特运用方式，与更传统并且更依赖于线性素描的佛罗伦萨绘画形成了鲜明对比。

《忏悔的抹大拉的玛利亚》

The Repentant Mary Magdalene

作者＼蒂齐亚诺·韦切利奥，又名提香
时间＼16 世纪 60 年代
材料＼画布油彩
尺寸＼119 厘米 × 97 厘米

1561 年，备受西班牙国王腓力二世（Philip II）青睐的画家提香，为其绘制了一幅“抹大拉的玛利亚”画像，今已佚失。但以这幅画为基础创作的其他几幅作品都有幸保存了下来，其中最著名的就包括艾尔米塔什博物馆和佛罗伦萨皮蒂宫（Palazzo Pitti）所藏的版本。尽管主题是宗教的，但艾尔米塔什博物馆所藏的这件《忏悔的抹大拉的玛利亚》，表现出强烈的情感色彩。抹大拉的玛利亚手扶前胸虔诚地忏悔，她抬起头凝视着天堂，眼里噙着晶莹的泪水，传递出深刻的哀伤。与现存皮蒂宫的版本不同，在这个版本中，抹大拉的玛利亚丰满的乳房被头发与衣物遮盖住了，但其更轻薄而贴身的蔽体方式显然更具视觉性。这也是艾尔米塔什博物馆的这件藏品被认为是提香现存“抹大拉的玛利亚”主题绘画中最好版本的原因。提香本人也深爱着这件作品，一直保存在自己的居所直至去世。1581 年，画家的儿子蓬佩尼奥（Pomponio）将其父亲留下的所有作品卖给了贵族克里斯托福罗·巴巴里戈（Cristoforo Barbarigo）。1850 年，巴巴里戈家族将此藏品赠送给了艾尔米塔什博物馆。

抹大拉的玛利亚，在基督教的传说中是一位被耶稣拯救的妓女。为了忏悔自己的罪行，她曾用眼泪为耶稣洗脚，用其浓密柔软的黑发来把耶稣的双脚擦干。在耶稣被钉上十字架的日日夜夜，她哀哭祈祷并给耶稣喂水。耶稣死后她用油脂为耶稣净身，却意外地发现耶稣死而复生……这些故事动人且引人好奇，是文艺复兴时代非常流行的绘画主题。在众多此类题材的作品中，罕有能与提香作品所流露的情感力量相媲美者。这件作品中那令人惊叹的丰富的油画质感、厚重而突出的笔触，以及那些刻意为之的半透明暖色调……都构成了对那个陷入困境的灵魂的完美表现。

《鱼摊》

Fish Stall

作者＼弗兰斯·斯尼德斯（Frans Snyders，1579—1657 年）
时间＼1618 至 1621 年
材料＼布面油画
尺寸＼207 厘米 × 341 厘米

《鱼摊》是弗兰斯·斯尼德斯最经典的系列创作“售卖摊”中的一张，完美地展现出那个时代的“佛兰德斯人”（Flanders）慷慨的性格和对生活的热爱，以及在西班牙管理下的安特卫普奢华富足的生活。

这位来自比利时的静物艺术家，在作品中创造了一种极其特殊的静物画风格。在他生动的大场景绘画中，我们可以看到各种各样的水果和丰富的海洋生物，他似乎将世间所有的财富和辉煌都汇集在了一起，并以巴洛克风格的活力和明亮的色彩创造了令人印象深刻的画面。虽然这些摊位都是艺术家想象力的产物，但斯尼德斯还是展现出他对自然非凡的认知，并以无与伦比的技巧表现了鱼和甲壳类动物光滑的身体以及它们独特的颜色和纹理。画家的这种近乎动物学家般的学识，或许与他的父亲拥有安特卫普最大的餐馆有关。从童年时代到成为一名真正的艺术家，斯尼德斯早已熟知鱼类柔软弯曲的线条和它们独特的习性，这也使得今天的动物学家们在看到他的画作时欣喜不已，那些最精确的描绘早已成为学者们开展研究的依据。

“售卖摊”系列静物画，全套共四件作品，另外三件分别为《果蔬摊》、《水果摊》和《玩具摊》。它们是斯尼德斯受当时的皇家税务师雅克·范·奥菲姆（Jacques van Ophem）的委托，于 1618 年为其在布鲁塞尔的新豪宅创作的。斯尼德斯创作的这四件作品意在隐喻土（地球）、水、风（空气）、火（太阳）这四种元素，以警示当下的人们需要谨言慎行，不要在丰富的物质生活中丧失信仰。例如，这里的《鱼摊》寓言了海洋，其中的乌龟被视为懒惰的化身，修长的鳗鱼则代表了狡猾和不诚实……有趣的是，在这里，弗兰德斯静物画的说教品质完全被大自然的壮丽和美丽所掩盖，而鱼类弯曲动态的线条还产生出装饰性的效果，最终完美地装饰了赞助人奢华宏伟的华宅。

《帕尔修斯与安德洛美达》

Perseus and Andromeda

作者 \ 彼得·保罗·鲁本斯
时间 \ 1620—1621 年
材料 \ 布面油画
尺寸 \ 99.5 厘米 × 139 厘米

这幅画是埃尔米塔什博物馆收藏较早的鲁本斯作品之一，其构图与鲁本斯现藏于柏林画廊（Gemäldegalerie）的同名画作类似。

古罗马诗人奥维德（Ovid）在《变形记》（*Metamorphoses*）中，以诗歌的形式描写了这幅画的主题：为了不让自己的国家被海怪侵扰，埃塞俄比亚国王不得不将自己的女儿安德洛美达献祭给海怪。珀尔修斯（宙斯和丹娜伊的儿子）正巧骑着飞马珀伽索斯（Pegasus）经过此地，及时俯冲下来杀死了海怪并解救了安德洛美达。位于画面中心的骑士就是帕尔修斯，他左手持盾牌，盾牌上有蛇发女妖美杜莎的头像（此时的帕尔修斯刚刚完成砍下梅杜莎首级这项艰巨的任务）。帕尔修斯正伸出右手去搀扶被解救的公主，公主含羞的表情和围绕两位年轻人的丘比特意味着爱情已经萌生，帕尔修斯最终也确实迎娶了公主。画面的顶部，女神正在为帕尔修斯戴上桂冠，画面最下方则是已经被英雄杀死的海怪。

"帕尔修斯与安德洛美达"是鲁本斯最喜爱的绘画题材，他在一生中创作了约六幅这一题材的绘画。这件作品大概是画家最满意的一幅，因为他一直将其挂在自己位于安特卫普的家中直到去世。1769 年夏天，这幅画随着艾尔米塔什博物馆对伯爵海因里希·冯·布鲁尔（Heinrich von Brühl）藏品的收购而进入博物馆，现展示在艾尔米塔什博物馆二楼的鲁本斯厅。

《豆王》

The Bean King

作者 \ 雅各布·约丹斯（Jacob Jordaens，1593—1678 年）
时间 \ 约 1638 年
材料 \ 布面油画
尺寸 \ 160 厘米 × 213 厘米

《豆王》是 17 世纪西班牙统治下佛兰德斯大画家雅各布·约丹斯的伟大的杰作之一。作品的灵感来自于每年在低地国家举行的"主显节"纪念活动。

主显（希腊词：epiphaneia）的原意是：真神降世，向世人显露真容。在基督教的传说中，耶稣诞生后，来自东方的三位博士在主显节时朝拜了他，而这圣婴耶稣就是道成肉身的主。按照古老的佛兰德斯传统，每年 1 月 6 日都会举行主显节纪念活动，在这一天的聚会中，餐桌上会有一个大馅饼，里面藏着一粒豆子，而吃到馅饼中豆子的人就会被宣布为"豆王"。这粒豆子象征了引导东方三博士前往伯利恒朝圣耶稣的指路明灯，也象征了基督本人、唯一真主的出现。根据庆典的规则，豆王还可以从宴会的参与者中为自己选择一位女王、一名顾问、一名财务主管、一名管家、一名音乐家、一名厨师和一名小丑，而这些参与者们必须在任何事情上都服从豆王。当豆王举起葡萄酒时，他们得齐声大喊"国王，干杯"。这是一年中佛兰德斯人亲朋好友欢聚一堂最欢乐开心的时刻了。

雅各布·约丹斯是对主显节派对场景表现得最为出色的画家，在其一生中，他画了不少于十件这一主题的作品。这件创作于 1638 年的《豆王》，是他为当时的佛兰德斯总督创作的杰作。画面聚焦于这场热闹而疯狂的派对的高潮时刻，约丹斯成功地表现了聚会中宾主尽欢的场面和欢乐的氛围，并为每个人物都刻画了富于动态的手势和丰富的表情。在他的诠释中，日常场景也呈现出真正的、不朽的品质，这是画家对生活的肯定和对日常苦难的治愈。动感的构图、夸张的姿态、温暖的金棕色和开阔的画面，展现出约丹斯对鲁本斯风格的追随，也展示出他作为佛兰德最重要的巴洛克艺术大师的杰出画技。

《大卫与约拿单》

David and Jonathan

作者 \ 伦勃朗·哈尔曼兹·凡·莱因
时间 \ 1642 年
材料 \ 布面油画
尺寸 \ 73 厘米 × 61.5 厘米

伦勃朗的这幅《大卫与约拿单》，灵感来自于《圣经》中的诗句："他们彼此亲吻，相对哭泣，但大卫哭得更悲痛。"这是两位知心朋友的离别。根据《圣经·旧约》中国王故事的早期情节，年轻的英雄大卫曾随着国王扫罗和他的儿子约拿单四处征战。在大卫战胜了巨人歌利亚后，他在以色列人中的名望如日中天，国王扫罗出于对大卫声名的嫉妒，决定密谋将其杀害。约拿单与大卫交好，多次替大卫说情，但扫罗心意已决，于是约拿单冒着危险告诉自己的朋友赶紧离开以保住性命。二人在一块磐石旁立下誓约："愿耶和华在你我之间，并在你我后裔中间为证，直到永远"，随后洒泪而别。

这件作品展现了即将分别的两人，他们的身影融合在了一起。粉红色、银绿色、金色和烟灰色构成了一道迷人的诗意景观，传递出人类最微妙细腻的情感。伦勃朗特有的、高浮雕般的点状笔触，如同散落的、微光闪烁的宝石。温柔与悲伤，光明与黑暗充斥着这幅画。此时人过中年的艺术家，已然度过了他人生最辉煌的阶段。他曾是阿姆斯特丹最知名的画家，过着奢华的生活，家中收藏了大量古董和来自东方的珍贵文物。但随着妻子的去世，一场关于绘画定件的法律诉讼，终结了他宽裕的经济状况。同时，17 世纪 40 年代也不再是荷兰社会蒸蒸日上的经济繁荣期。在遭遇诸多不利之后，"爱、苦难与忏悔"构成了伦勃朗这一时期作品的精神内核。年事已高的约拿单将大卫搂在怀里，他忍住了眼泪，脸上流露出深深的悲伤，而大卫则情不自禁地哭泣着，"约拿单让大卫再次以对他的爱发誓，因为他爱他就像爱自己的灵魂一样"。

这幅作品于 1716 年在阿姆斯特丹被彼得大帝收购，成为了这位荷兰大师进入俄罗斯的第一幅作品。这幅画最初装饰在彼得大帝位于彼得霍夫（Peterhof）的蒙普莱瑟宫（Monplaisir palace），后成为艾尔米塔什博物馆的收藏。

《看望祖母》

—— *Visit to Grandmother* ——

作者 \ 路易 · 勒南（Louis Le Nain，约 1605—1648 年）
时间 \ 约 1645 年
材料 \ 布面油画
尺寸 \ 58 厘米 × 73 厘米

路易 · 勒南，是 17 世纪著名的法国画家组合勒南兄弟（Le Nain brothers）中的一员，排行第二，另两名兄弟分别是大哥安东尼 · 勒南（Antoine Le Nain）和三弟马蒂厄 · 勒南（Mathieu Le Nain）。勒南兄弟在 17 世纪的法国画坛占有一席之地。1648 年，皇家绘画与雕塑学院成立时，三兄弟同时入选了该学院，但他们的绘画并不跟随当时流行的意大利风格，而是以深切的人文情怀描绘了那些更朴素的时刻，如农民的生活或乡村的景观等，带着强烈的现实主义倾向，影响了此后众多的如古斯塔夫 · 库尔贝等现实主义画家。路易 · 勒南的这件《看望祖母》正是此类绘画风格的典型。

关于“看望祖母”这一主题，美术史界还有部分争议，曾提出过如“乡村音乐家”和“吹笛子的男孩”的观点，但无论如何，这里都展示了法国乡村生活中并不罕见的场景：年轻的音乐家和歌手在简朴的家中四处走动，通过演奏简单的曲调或唱民歌的方式赚钱。与此同时，不同年龄阶段的人出现在画面里：孩子、抱着孩子的年轻女人、老年女性，再次显示出 17 世纪艺术中一个非常流行的主题，即对不同世代形象的集中表现寓意了家庭的团结与和睦。路易 · 勒南对室内景观的描绘相当朴素，对人物的处理也颇具雕塑感，看起来沉静而程式化。但画面中几组富于旋律感的区隔却充满活力且引人注目：拉近与推远的人物，明亮的与阴暗的区域，人物相互之间关注的目光，这种普遍的、热情好客的目光似乎即将投向观众、投向世界。

《农场》

The Farm

作者 \ 保卢斯·波特（Paulus Potter，1625—1654 年）
时间 \ 1649 年
材料 \ 布面油画
尺寸 \ 81 厘米 × 115.5 厘米

这幅带有农民形象的农场风景画是索尔姆斯·布劳恩费尔斯的阿玛利亚（Amalia of Solms-Braunfels）委托当时年轻的天才画家保卢斯·波特创作的，阿玛利亚是荷兰共和国的元首、奥兰治亲王弗雷德里克·亨利（Prince Frederick Henry of Orange）的妻子。保卢斯·波特在创作这类农场题材的作品方面，拥有无与伦比的天赋。尽管他因肺结核只活了二十九年，但他在短暂的艺术生涯中创作了约一百三十件作品，其中大部分都是有关马、牛、羊或猪的场景，他对农场动物在一天中不同时间的各种行为方式，以及早上或黄昏时不同光线的质感表现出非凡的精准性和敏感性，让观者直观地看到、感受到真实自然中的田园生活。

《农场》是波特风景画中非常精彩的一幅，牛、山羊、鸡和马在画面中被安排为不同系列的组合，看起来既富于变化又井然有序。同时，波特还融合了趣味生动的小型民宿场景，如画面的右侧：一位家庭主妇正在井边清洗鱼，她身后的男子正试图驱赶一只正在攻击孩子的狗。又如画面左侧橡树下散步的亲密男女，带着乡村生活的浪漫与诗意。关于这对令人艳羡的情侣，著名的俄罗斯艺术史学家亚历山大·贝努瓦（Alexander Benois）认为，画家在这里描绘的正是自己和未婚妻，此时的波特正沉浸在爱情的甜蜜中，他与未婚妻于这张画完成的次年喜结连理。有意思的是，画家的委托人最终拒绝接受这件精彩的作品，因为她对画面中间那头正在排泄的牛的过度“放肆”的行为感到震惊。画家波特在绘画中所展现的极端自然主义让他在当时声名狼藉，但他却天才般地将粗俗的物质性、微妙的绘画技巧、乡野的浪漫想象不可思议地叠合在了一起，就如同样伟大的福楼拜（Flaubert）在其小说《包法利夫人》（*Madame Borary*）中描述农业展览会场景时所采用的叠合叙述法一样，引诱者地主罗道耳弗的甜言蜜语与颁奖仪式上冗长的演说相来回切换、交替穿插。

《狂欢者》

The Revelers

作者 \ 扬 · 斯丁（Jan Steen，1625/1626—1679 年）
时间 \ 约 1660 年
材料 \ 木板油画
尺寸 \ 39 厘米 × 30 厘米

扬·斯丁是黄金时代极重要的风俗画家之一，他细腻生动地捕捉了 17 世纪荷兰经济大繁荣时代的日常生活，以至于在四百年后的今天，人们在观看他的作品时也常常开怀大笑。

在这件《狂欢者》中，扬·斯丁描绘了自己和妻子玛格丽特（Margriet）肆意放纵的生活。扬·斯丁曾在莱顿（Leyden）大学学习，后于 1648 年加入画家公会后，成为了当时著名的风景画家扬·范·戈恩（Jan van Goyen）的学生，玛格丽特就是他的老师扬·范·戈恩的女儿。在当时的荷兰，专事绘画往往难以维系生活，因此艺术家们也不得不通过其他的方式赚钱。例如，扬·斯丁就在自己的家乡莱顿经营了一家小旅馆，这可能就是这幅画的背景。在这件作品中，艺术家把自己描绘成一位快乐、善良的狂欢者，而妻子玛格丽特则已经累得斜倚在桌子上睡着了。整幅画的氛围不仅展现了这对夫妇开朗的性格，也证明了他们幸福的婚姻生活，他的妻子为他生养了八个孩子。尽管有些粗俗，但明显的欢乐与幽默显示了画家对这一生活方式的态度，他善意地记录下了日常生活的瞬间。

在完成这件《狂欢者》之前，扬·斯丁的画面总是塞得满满当当。1660 年是扬·斯丁绘画的转折期，他开始受到维米尔绘画的影响，尽管他比维米尔还大六岁，但他的绘画风格开始迅速冷静下来。在这透视准确的空间中，通过对夫妇二人夸张身姿与神情的天才般的描绘，精彩地展现出这世俗空间背后，快乐膨胀、充满诱惑的社会现实。因此，有的艺术史观点认为，扬·斯丁的绘画带着明显的道德寓意，杂乱的房间与放荡纵欲的恶习是这特殊时代的产物，也是人性中难以破解的顽疾，当下的每一个人都应时时保持警醒。

《一个女人和她的女仆》

A Woman and Her Maid

作者 \ 彼得 · 德 · 霍赫（Pieter de Hooch，1629—1684 年）
时间 \ 约 1661 年
材料 \ 布面油画
尺寸 \ 53 厘米 × 42 厘米

彼得·德·霍赫是 17 世纪荷兰黄金时代极知名的风俗画家之一，他的职业生涯与 17 世纪荷兰艺术的发展趋势戏剧性的吻合：迅速崛起、短暂鼎盛、迅速衰落。

作为来自荷兰社会底层的画家，霍赫常常描绘同时代的普通市民，这幅气氛明快的作品，正是霍赫的典型创作。在艺术家的画笔下，我们可以清晰地看到当时荷兰市民家庭生活的精髓——整洁与勤勉。节俭朴素的女主人、勤劳机灵的女仆，房子的庭院整洁舒适，在清澈明亮的氛围中，所有的色彩都达到了共振的和谐。

这是一类并不复杂的风俗画，艺术家也没有在作品中“密谋”任何的惊喜或寓意。在一个具有逼真纵深感的画面中，霍赫构建出多层次的空间，并逐渐向远处的风景推进。从右侧房门走出来的年轻女仆，正抬起她手中擦得锃亮的铜桶，向女主人展示了自己刚刚买到的鱼。女主人的眼神投入到桶中，而女仆紧盯着女主人的神情，期待得到进一步的指示。她们身后半开的围栏后面是院子，通过开着的院门，可以看到运河和堤岸。根据运河的状态和修建时间来推断，这幅画应该是 1661 年霍赫移居到阿姆斯特丹以后创作的。从露台到前院再到街景构成了三个平行的区域，建筑上的砖墙、门、百叶窗、地板上的几何图案，展现出平静而交相辉映的视觉节奏，也显示出霍赫风俗画的独特之处——静物画式的视觉表达，结构严谨的透视、巧妙的明暗对比、明亮的色彩，共同营造出凝固的、永恒般的时间感。

《圣母的少女时代》

The Girlhood of the Virgin

作者 \ 弗朗西斯科 · 德 · 苏巴朗
时间 \ 约 1660 年
材料 \ 布面油画
尺寸 \ 73.5 厘米 × 53.5 厘米

作为西班牙黄金时代的重要的画家之一，弗朗西斯科·德·苏巴朗曾为推动西班牙现实主义绘画的发展发挥了重要作用。他以描绘僧侣、修女和殉道者的宗教画以及静物画闻名，还因擅长使用明暗对比而获得了“西班牙的卡拉瓦乔”的绰号，但他的风格比卡拉瓦乔的风格更为含蓄和崇高。在画家生命的晚期，他更多地转向了宗教题材，并流露出更加柔软、温暖的气质，这些特征在这幅《圣母的少女时代》中得到了完美的体现。

根据传统描述，圣母玛利亚的父母约阿希姆和安妮过着虔诚而仁厚的生活，但直到老年都无儿无女，因此，他们发誓将把自己因祈祷而求得的孩子献给上帝。于是，当玛利亚三岁的时候，她的父母把她送到了耶路撒冷的圣殿，让她在那里学习经文和女红。这幅画中的模特似乎是艺术家自己的女儿，因此他在画中投入了虔诚与慈爱、和谐与平静的复杂情感。幼小的玛利亚此刻就是温柔和纯洁精神的化身，她停下手头的针线活儿，抬起头来向上帝祈祷，观众的注意力不得不被玛利亚脸上流露的温柔与爱所吸引。

此外，在色彩运用上的天赋，也是苏巴朗能够成为当时最擅长表现“崇高与天真的虔诚”的大师的原因。他总是在绘画中使用纯粹的、明亮的、强烈的色彩，而这些色彩通常都具有基督教的象征意义。在苏巴朗的笔下，这些色彩似乎能够自动组合起来，并以一种意想不到的、略带伤感的优雅气质融为一体。玛利亚衣服的红色象征了爱和慈善，手上布料的白色象征了纯洁与天真，绿色象征了青春和与世隔绝的天堂花园，同时也是纯真无瑕的代表。

《在威尼斯接待法国大使》

The Reception of the French Ambassador in Venice

作者 \ 安东尼奥·卡纳尔（Antonio Canal），又称为卡纳莱托（Canaletto，1697—1768 年）
时间 \ 1726—1727 年
材料 \ 布面油画
尺寸 \ 181 厘米 × 259.5 厘米

18 世纪的威尼斯画派再次经历了一个蓬勃发展的阶段，尽管这是最后一次繁荣，但它仍为世界带来了几位艺术大师，并发扬了一类绘画体裁——以城市风光为表现对象的“景观画”（意大利语：Veduta），其中的重要代表画家就是安东尼奥·卡纳尔，他更广为人知的名字是卡纳莱托。“景观画”这类体裁，既有别于传统的风景画，也不能以“风俗画”的概念来界定，它的特征是通过细腻、真实的手法描绘出细节准确、辨识度高的城市、集镇或风景地形，是一种尺幅较大的绘画或版画，最初产生于佛兰德斯，到 18 世纪中叶，威尼斯成为此类景观画新的创作中心。

卡纳莱托出生在威尼斯，跟随自己的画家父亲开始职业生涯，他以精准的地形描绘和独特的浪漫主义诠释成为当时最受欢迎的景观画画家。这幅《在威尼斯接待法国大使》就是卡纳莱托的一件非常经典的大尺幅景观画。它记录了一个真实的历史事件——威尼斯共和国的官员在总督府旁边的堤岸上迎接了法国特使雅克·文森特·朗盖，即格吉伯爵（Jacques Vincent Languet，Count of Gergy）。作品中，艺术家以照片般的精确性巨细无遗地记录了彼时丰富多彩的细节：从法国大使乘坐的、装饰有镀金雕刻的豪华使船，到大使及其随行人员，再到那些威尼斯的贵族、来自东方的商人、僧侣，以及挤在宫殿、桥梁、贡多拉等各种空间中围观的普通民众 ...... 同时，事件的发生地威尼斯并不只是一个背景，而是作品中的主角——威尼斯建筑所杂糅的哥特之美、独特的潮湿氛围、墙上优雅诗意的阴影，这些特殊的城市光景都让卡纳莱托为自己的家乡着迷，他将自己全部的精力都献给了这座城市，他的画笔不愿遗漏威尼斯的任何一个角落。

chardin
1835

《餐前祷告》

Saying Grace

作者 \ 夏尔丹
时间 \ 1744 年
材料 \ 布面油画
尺寸 \ 49.5 厘米 × 38.4 厘米

《餐前祷告》是法国艺术家夏尔丹的名作。关于这一主题，艺术家画过多个版本，艾尔米塔什博物馆收藏的这幅是艺术家最珍视的，因为只有它签有艺术家的名字和日期。艺术家在世时将它作为礼物送给了当时的法国国王路易十五。路易十五去世后，这件作品在长达十年间被彻底遗忘，直至 1845 年才被重新发现。此作品的另外三个版本，分别收藏于卢浮宫博物馆、鹿特丹的博伊曼斯·范·伯宁恩美术馆（Boijmans Van Beuningen）和斯德哥尔摩的国家博物馆。

"餐前祷告"是 18 世纪法国艺术中的常见主题，即法国中产阶级家庭在饭前感念神的"恩典"，具有显而易见的说教意义。这是画家夏尔丹既感兴趣又很擅长表现的题材，他天才般地将中产阶级简朴的日常生活呈现得宁静且富有诗意，并以其独特的多愁善感气质在众多画家中脱颖而出。在这幅作品中，夏尔丹通过精心的描绘展现了他对和睦的完美家庭的想象。在这个简朴的房间内，母女三人围绕在一张铺着白色桌布的餐桌周围，年轻的母亲正将汤放到桌上，同时提醒自己的两个女儿进行餐前的祈祷。坐在餐桌后方的大女儿顺从地低头默默祈祷，而画面左前方坐在矮凳上的小女儿，或许还不太能理解这"恩典"的意义，但她乖巧的样貌让人动容，这几乎可以说是夏尔丹极好的儿童形象之一了。母亲温柔的注视强化了此刻的温馨气氛，这里的每一个人都对彼此都有着最温和的关爱。柔和的配色方案和灯光也增强了这迷人祥和的氛围。此外，画面的构图同样一丝不苟，三个人物构成的三角形结构所形成的稳定感也再次强调了场景的宁静。可见，夏尔丹对画面中的各种要素的安排都进行了巧妙的构思。

《蓝衣女子》

Lady in Blue

作者 \ 托马斯·庚斯博罗（Thomas Gainsborough，1727—1788 年）
时间 \ 18 世纪 70 年代后期
材料 \ 布面油画
尺寸 \ 76 厘米 × 64 厘米

托马斯·庚斯博罗是 18 世纪下半叶的重要的英国肖像和风景画家之一，他与理查德·威尔逊（Richard Wilson）一起被视为 18 世纪英国风景画派的创始人。在大多数的美术史中，庚斯博罗还常常被拿来与同时代的画家、皇家艺术学院的院长约书亚·雷诺兹爵士（Sir Joshua Reynolds）并列讨论，这两位画家是同行，都以肖像画驰名，却因艺术理念不同而争斗不断。雷诺兹爵士曾在授课时谈到："蓝色不能在画面上占主要地位"，庚斯勃罗得知后就用大量蓝色画出了他举世闻名的《蓝衣少年》（*The Blue Boy*），借此否定雷诺兹"死板的法规"。

这件《蓝衣女子》同样是庚斯博罗充满独创性和活力的肖像画的佳例，画中女子放松的姿态、自然的手势、微微张开的嘴唇和迷人的目光，展现出浪漫的梦幻气氛。庚斯博罗经典的精致又和谐的冷色调——浅蓝、深蓝和银色主宰了整个画面，轻盈、流畅、莹润的笔触完美地表现了柔软的皮肤、灰蓝色披肩的丝绸，以及覆盖在丝绒状假发上的装饰羽毛。自由、简括的描绘与色彩的精细过渡相结合，创造出一种类似于粉彩的效果。快速的半透明笔触，以及丰富的中间色，赋予这位蓝衣女子以诗意和优雅的气质。庚斯博罗精湛的技巧不可避免地受到同时代人的关注与钦佩，在其职业生涯的晚期，他的劲敌雷诺兹爵士也承认了他非凡的绘画才能。

关于画中女子的身份，有艺术史学家考证后将她确定为博福特公爵（Duchess of Beaufort）爱德华·博斯卡文（Edward Boscawen）的女儿。这件作品是庚斯博罗在英格兰西南部萨默塞特郡（Somerset）巴斯（Bath）居住期间创作的。1916 年，阿列克谢·希特罗沃（Alexei Khitrovo）将这张画赠予艾尔米塔什博物馆，成为俄罗斯收藏的唯一一件庚斯博罗作品，也是今天艾尔米塔什博物馆众多英国绘画收藏中极迷人、优秀的作品之一。

《从外面观看一间锻铁铺》

— *An Iron Forge Viewed from Without* —

作者 \ 约瑟夫·赖特（Joseph Wright），又称德比的赖特（Wright of Derby，1734—1797 年）
时间 \ 1773 年
材料 \ 布面油画
尺寸 \ 105 厘米 × 140 厘米

约瑟夫·赖特，又名德比的赖特，是18世纪的英国风景和肖像画家。赖特以暗色调主义（tenebrism）（一种强调戏剧性的明暗对比的绘画形式）著称，其职业生涯中最知名的创作都与启蒙时代的科学主题相关，其绘画题材基本都来源于当时的伯明翰月球学会（Lunar Society of Birmingham）的会议。伯明翰月球学会是由一群生活在英国中部地区的科学家和实业家组成，他们定期举行讨论会，是该时期科学与宗教价值观斗争的重要实例。因此，赖特也被誉为“第一位表达工业革命精神的职业画家”。

这幅《从外面观看一间锻铁铺》正是赖特对英国工业革命的早期阶段的记录。1771 年至 1773 年，赖特画了五幅关于锻铁铺的系列作品，这是最后一幅。在这件作品中，他写实地描绘了夜间锻铁铺的内部情景：夜晚的月光主宰着外部世界，锻铁铺内的炉光主宰了内部世界，室内的温暖光线投射在墙上和室外的地面上，形成复杂的阴影，与冷清冷的月色形成鲜明的对比。这样的处理方式被认为带有显而易见的视觉隐喻，突然迸发的暖光，似乎象征着人类正在从宗教信仰的世界过渡到科学启蒙的时代，并隐喻了当时如火如荼的科学探索热潮。大约十年后，科学家们开始遭受保守势力的迫害，月球学会的成员约瑟夫·普里斯特利（Joseph Priestley）在伯明翰的实验室被砸毁，他的住家也被一群反对科学研究的暴徒放火焚烧……一系列的暴行迫使他于 1794 年离开英国，同时代的法国化学家安托万·拉瓦锡（Antoine Lavoisier）也在大恐怖时期被处决。

赖特的这幅《从外面观看一间锻铁铺》是第一件进入艾尔米塔什博物馆的英国绘画，它在 1774 年时被凯瑟琳大帝收购。对于当时的俄国来说，赖特是一位寂寂无闻的画家，今天我们已经无从查考凯瑟琳大帝是如何了解到这位画家的才华的，但她的购藏行为已足以证明她是一位富有洞察力的艺术伯乐。

《帕尔修斯和安德洛美达》

Perseus and Andromeda

作者 \ 安东 · 拉斐尔 · 门斯（Anton Raphael Mengs，1728—1779 年）
时间 \ 1778 年
材料 \ 布面油画
尺寸 \ 227 厘米 × 153.5 厘米

叶卡捷琳娜二世是安东·拉斐尔·门斯作品的重要的收藏家之一，因此艾尔米塔什博物馆拥有门斯在其职业生涯不同阶段的众多作品，这些作品也构成了艾尔米塔什博物馆最好的藏品系列。安东·拉斐尔·门斯是 18 世纪中叶活跃于德累斯顿、罗马和马德里的德国画家，也是新古典主义绘画的先驱之一。他与德国启蒙运动时期的大艺术史家温克尔曼（Johann Joachim Winckelmann）的亲密关系强化了他对古典艺术的热情，始终致力于在洛可可风格占主导地位的时代建构新古典主义绘画的地位。

这件《帕尔修斯和安德洛美达》的灵感来源于 1777 年在罗马巴贝里尼宫（Palazzo Barberini）演出的同名戏剧，据说该剧在当时引起了极大的轰动。“帕尔修斯和安德洛美达”的故事来源于奥古斯都时代的罗马诗人奥维德的《变形记》，讲述的是一个经典的英雄救美的故事。埃塞俄比亚国王的女儿安德洛美达被吃人的海怪挟持，骑着飞马路过的英雄帕尔修斯发现了被锁在巨岩上的公主，于是杀死海怪救出美人，并最终迎娶了她。门斯画中描写的正是英雄救出安德洛美达的时刻，帕尔修斯左手牵着飞马，右手扶着公主，举着火炬的天使正为他们引路，海怪的头颅则被丢在画面左下方的角落。

门斯精通古典主义的艺术语言，这幅画的构图和人物都直接借鉴了古希腊艺术。帕尔修斯的形象来自于贝尔维德尔的阿波罗（statue of Apollo Belvedere），安德洛美达的形象来自于罗马佩恩斐利别墅（Villa Pamphili）的古典浮雕。画面中的场景没有戏剧性，构图平衡而富于秩序感，完美的技巧、雕塑般的人物造型，雄伟的身姿，这一切都展现出门斯对古典主义风格的孜孜追求。

《偷吻》

The Stolen Kiss

作者 \ 让 - 奥诺雷 · 弗拉戈纳尔
时间 \ 1787 年
材料 \ 布面油画
尺寸 \ 45 厘米 × 55 厘米

弗拉戈纳尔是法国洛可可艺术的代表画家，这件《偷吻》出自于他职业生涯的中晚期。这一时期的弗拉戈纳尔深受 17 世纪荷兰大师的影响，作品中传递出的趣味性和风俗性特征，让人不可避免地联想起荷兰艺术家布里埃尔 · 梅苏和杰拉德 · 特 · 伯赫的作品。

“偷吻”这个隐秘的浪漫行为，是法国洛可可艺术的典型主题，深受当时法国贵族的青睐。《偷吻》完美地展现出自路易十五的时代到法国大革命之前，法国贵族间流行的浪漫、愚蠢、情欲泛滥的时风。在这件作品中，弗拉戈纳尔描绘了一种带有“窥淫癖”意味的场景，艺术家精心地刻画了质地上乘的丝绸和蕾丝、织绣精美的羊毛地毯、窗帘和披肩。偷吻男女的动作优雅而轻盈，女人倾斜的身姿、左手臂以及披肩强化出对角线的构图，也引导观看者从偷吻这一视觉中心，渐渐看向敞开的门外的那几位衣着优雅的女士，柔和的光线也同时聚焦在她们身上。画家对物料表面各种肌理和质感格外关注，结合流畅的外形轮廓与潇洒柔顺的笔触，一切都显得光华润泽，完美地展现出洛可可艺术的细腻与精致。

这件《偷吻》最初属于斯坦尼斯瓦夫二世（Stanislaw August Poniatowski），他是波兰立陶宛联邦的末代皇帝。因此，画中的这对男女也常常让人联想到它的第一任主人斯坦尼斯瓦夫二世与女皇叶卡捷琳娜二世的风流韵事。波俄战争结束后，斯坦尼斯瓦夫二世被迫退位，在圣彼得堡依靠旧情人叶卡捷琳娜二世的养老金度日，直至去世。19 世纪初，沙皇亚历山大一世将斯坦尼斯瓦夫二世的宫殿收归己有，《偷吻》成为了俄国国家收藏的一部分，并于 1895 年被转移到艾尔米塔什博物馆。

《在入口处》

At the Entrance

作者 \ 路易—莱奥波德·布瓦伊（Louis-Léopold Boilly，1761—1845 年）
时间 \ 1796—1798 年
材料 \ 木板油画
尺寸 \ 40 厘米 × 31 厘米

路易—莱奥波德·布瓦伊是 18 世纪法国天才的肖像画和风俗画画家。他的生活和工作跨越了风云跌宕的法国大时代，从君主制法国、法国大革命、拿破仑帝国、波旁王朝复辟到七月君主制。因此，他既画过普通的中产阶级，也画过罗伯斯庇尔（Robespierre）等同时代的杰出人物，他的创作整体就像是一部生动的法国城市中产阶级的社会编年史，并以其对感伤情调的表达和道德主题的偏爱而闻名。

这幅名为《在入口处》的风俗画，真实地记录了法国执政内阁时期的一类伤风败俗的社会现象。这是当时巴黎每天都会上演的戏码：两名年轻女子在一所房子的入口处停了下来，年纪大一些的女孩儿自信地站着，她克服了羞怯，拉下了门铃。年纪较小的女孩儿显然很尴尬，她扭过头回避了这个决定性的时刻。布瓦伊精心地描绘了画中女子的服饰和发型，准确地记录了当时的女性时尚潮流。精致的构图与配色方案，对优雅服装的精心处理，展示出 17 世纪荷兰风俗画的风格对画家的影响，也呈现出典型的晚期洛可可风格——优雅精致的趣味与轻浮主题以及现实主义艺术潮流的合流。

在完成这件题材备受争议的绘画时，正是法国大革命最激烈的时期，布瓦伊本人也因为这件“道德恶劣”的作品遭受了最强烈的谴责，并接到来自公共安全委员会的警告。危急关头，布瓦伊又创作了爱国题材的作品《马拉的胜利》（*Triumph of Marat*）[现收藏于法国北部的里尔（Lille）美术馆]，才将功补过使自己免遭严惩。

《约瑟芬·德·博阿尔内肖像》

Portrait of Joséphine de Beauharnais

作者 \ 弗朗索瓦·热拉尔（François Gérard，1770—1837 年）
时间 \ 1801 年
材料 \ 布面油画
尺寸 \ 178 厘米 × 174 厘米

拿破仑的妻子约瑟芬（Marie Joséphine Rose Tascher de la Pagerie，1763—1814 年）出生于法属殖民地马提尼克岛（Martinique）一个富裕的克里奥尔家庭（Creole family）。在她的第一次婚姻中，约瑟芬是亚历山大·德·博哈奈斯子爵（Viscount Alexandre de Beauharnais）的妻子，她的丈夫在 1794 年 7 月 28 日因叛国罪被处决后，约瑟芬被判监禁，随后又很快被释放。1796 年，她嫁给了传奇的拿破仑·波拿巴将军，并在 1799 年成为了马尔梅松城堡（Palace of Malmaison）的主人，又在 1804 年正式被加冕为法国皇后。这幅《约瑟芬·德·博阿尔内肖像》的背景就是马尔梅松城堡的开放露台，约瑟芬松弛自在地坐在橘色丝绒的沙发上，就好像她刚刚散步归来。古典风格的白色连衣裙突出了她的优雅和端庄，城堡幽静的风景和沙发上的一束小野花营造出伤感的诗意，或许也暗示了约瑟芬的内心。围栏、沙发、台阶等的水平线，与古典的建筑立柱共同构成了古典绘画追求的稳定与平衡感，约瑟芬斜依的身姿和看向画外的眼睛打破了整体的静态，为画面带来了一些活力。精致的古典构图、帝国的品位和明块的色彩在这里完美结合。

这幅肖像画的作者弗朗索瓦·热拉尔是拿破仑时代最炙手可热的新古典主义历史画家和肖像画家。作为雅克—路易·大卫的学生，他的职业生涯极其顺遂，他是法兰西第一帝国的宫廷画家，也是复辟时期国王路易十八和查理十世的首席画家。热拉尔不仅在法国，而且在整个欧洲都享有盛誉，被誉为“国王的画家，画家之王”，接待过同时代几乎所有的名流和伟人。

《摩耳甫斯与伊里斯》

Morpheus and Iris

作者 \ 皮埃尔—纳西斯 · 盖兰（Pierre-Narcisse Guérin，1774—1833 年）
时间 \ 1811 年
材料 \ 布面油画
尺寸 \ 251 厘米 × 178 厘米

皮埃尔—纳西斯 · 盖兰是拿破仑帝国时期赫赫有名的官方画家，他的作品充满着宁静、感性、欢愉的情绪，并具有强烈的装饰性效果，非常适合豪华的宅邸，是帝国官方艺术的典型。此外，更为人称道的是，盖兰还是两位浪漫主义大画家热里科和德拉克洛瓦的老师，在当时的画坛有着广泛的影响力。

这幅《摩耳甫斯与伊里斯》是盖兰的经典作品，描绘了女神伊里斯降临梦神摩耳甫斯身旁的时刻。故事来自于古罗马诗人奥维德的《变形记》，风神的女儿阿尔库俄涅（Alcyone）和她的丈夫刻宇克斯（Ceyx）关系亲密，他们戏称对方为“赫拉”与“宙斯”。但夫妻间的玩笑却激怒了宙斯，宙斯让刻宇克斯在一场海难中去世。因为这场海难中无人生还，所以他的妻子阿尔库俄涅一直无法获得丈夫的任何消息，只好每天到赫拉的神庙里祈愿。不胜其烦的赫拉命神的信使、彩虹女神伊里斯到梦神摩耳甫斯那里去，让摩耳甫斯在梦中告诉阿尔库俄涅其丈夫已故的消息。

在这幅画中，丘比特正在为女神伊里斯拉开黑夜的帘幕，女神从云端降临到梦神摩耳甫斯的面前并试图唤醒他，她的身后是一道柔和的彩虹。摩耳甫斯床榻上的浅浮雕装饰，是荷马《伊利亚特》（*The Iliad*）中第十四首诗歌的主题——宙斯受骗陷入赫拉的爱情。以冷绿蓝色和暖粉金色为基础的传统配色，配合悲剧性的神话以及壮观的戏剧性构图，与法兰西第一帝国时期宫殿内部的装饰完美匹配。盖兰的这件作品既是法国新古典主义绘画的典型，也预示了 19 世纪中期法国沙龙艺术的部分特点。

《在帆船上》

On a Sailing-Ship

作者 \ 卡斯帕 · 大卫 · 弗里德里希（Caspar David Friedrich，1774—1840 年）
时间 \ 1818—1820 年
材料 \ 布面油画
尺寸 \ 71 厘米 × 56 厘米

弗里德里希是 19 世纪德国浪漫主义最重要的画家，以其寓言性的风景画而闻名。他出生于波罗的海沿岸的格赖夫斯瓦尔德镇（Greifswald），在哥本哈根学习直到 1798 年，后定居德累斯顿。弗里德里希成长的时期，是整个欧洲对物质社会的幻想日渐幻灭的阶段，人们开始重新认识灵性，思考死亡和短暂的生命。这种认知的转变完整地体现在了弗里德里希的绘画中，他常常通过描绘对夜空、晨雾、光秃秃的树木或哥特式废墟背景下的人物，来反映自己对大自然或生命的沉思，通过象征性的手法来引导“观众的目光转向形而上的维度”。

这幅视角独特的《在帆船上》，构图手法类似于 19 世纪后期印象派画家所采用的照相剪裁，但这并不能证明弗里德里希具有尝试形式探索的意图。这幅画的意义在于寓言性，帆船代表了命运，就像所有浪漫的旅程一样，船头夫妻的婚姻也将接受命运的安排。

这幅画是弗里德里希为了纪念自己的美满婚姻而绘制的。1818 年 1 月 21 日，弗里德里希与卡罗琳 · 博默（Caroline Bommer）结婚，她是一位德累斯顿染色师的女儿。画家的婚后生活很幸福，养育了三个孩子。幸福的家庭生活对他的创作产生了明显影响，作品开始出现一种轻快感，颜色也变得更加明亮。与此同时，人物形象出现在绘画中的频率也越来越高，其中包括他的妻子、朋友和城镇居民。这些反映了“人类生活重要性”的作品为弗里德里希吸引了更多的关注。1820 年，尼古拉 · 帕夫洛维奇大公（Nikolai Pavlovich）成为了弗里德里希的重要赞助人。1821 年，诗人瓦西里 · 茹科夫斯基（Vasily Zhukovsky）、沙皇亚历山大二世的导师，也成为了画家的赞助人，并自此一直致力于向皇室推荐他的艺术。诗人曾说，弗里德里希“以其精确性取悦了我们，每一幅画都唤醒了我们心中的记忆”。

《田野里的女孩》

Girl in a Field

作者 \ 路德维希·克瑙斯（Ludwig Knaus，1829—1910 年）
时间 \ 1857 年
材料 \ 布面油画
尺寸 \ 50 厘米×61 厘米

路德维希·克瑙斯是德国杜塞尔多夫画派的第7代风俗画家。杜塞尔多夫画派是指约1819年至1918年，在杜塞尔多夫学院任教或学习的画家群体。这一画派的作品通常是精致且富有想象力的风景画或风俗画，常常在其中包含宗教或寓言故事，画派的第一任领袖是画家弗里德里希·威廉·冯·沙多。路德维希·克瑙斯是19世纪下半叶杜塞尔多夫画派的领军人物、柏林皇家普鲁士学院（Royal Prussian Academy）的教授。他在欧洲贵族中享有很高的赞誉，尤其受到俄国宫廷成员的赏识。

《田野里的女孩》是路德维希·克瑙斯最受欢迎的作品，也是其多愁善感类风俗画中的经典。女孩处于画面中心，四周是开满鲜花的草地，背景是蓝色的天空，色彩对比强烈，但整体效果协调而统一。路德维希在这里完美地展示了杜塞尔多夫画派提倡的“空气绘画”（plein-air painting），这是一种在户外进行创作的、色调柔和、笔触松散的绘画方式。这一画派艺术风格中的温柔浪漫的气质也暗示了它与德国浪漫主义运动之间的内在关联，并对美国的哈德逊河画派产生过重大影响。

《塞纳河畔的维伦纽夫拉加伦镇》

— *The Town of Villeneuve-la-Garenne on the Seine* —

作者 \ 阿尔弗雷德·西斯莱（Alfred Sisley，1839—1899 年）
时间 \ 1872 年
材料 \ 布面油画
尺寸 \ 59 厘米 × 80 厘米

阿尔弗雷德·西斯莱是一位终生致力于印象派风景画创作的艺术家。他的父母是富裕的英国人，但西斯莱出生在巴黎，在法国度过了人生中的大部分时间。1862 年起，他在巴黎美术学院学习，师从瑞士艺术家夏尔·格莱尔，一位兼顾古典主义和印象主义风格的画家。西斯莱在那里结识了弗雷德里克·巴齐耶、克劳德·莫奈和皮埃尔·奥古斯特·雷诺阿。至此，这群志同道合的印象主义者们开始一起在户外画风景，努力捕捉逼真的、瞬间的阳光效果。

西斯莱的这幅画创作于第一次印象派画展前的两年，此时，光已经在画面中占据了主导地位。绚烂的阳光弥漫于整个空间，远处河岸边的村庄完全沐浴在阳光中，靠近观众的河岸则满是透过树叶的斑驳光点，如同洒落一地的色斑。

维伦纽夫拉加伦镇，一直是西斯莱反复描绘的对象，似乎这里的风景总能时刻唤起画家的敏锐感受。这幅印象派早期的绘画，仍然保留了传统的构图，风景的中心被两棵逆光的大树框定出来，创造出一种舞台般的效果，同时又充分保留了风景真实的自然感。西斯莱拥有最完美的抒情表现力，一种罕见的、风景画家的天赋，他总能够捕捉到自然的谦逊魅力和温柔之美。在这幅画中，“现代主义的英雄”的目光穿过阴凉的树荫，看到了被闪耀的阳光照亮的建筑物，近处河岸的凉爽空气与对岸凝固的炎热气氛形成了鲜明对比。雷诺阿在看到这件作品时说：“它唤起了……一种漫步的渴望”。

《后宫中的浴池》

Pool in a Harem

作者 \ 让—莱昂 · 热罗姆（Jean-Léon Gérôme，1824—1906 年）
时间 \ 约 1876 年
材料 \ 布面油画
尺寸 \ 73.5 厘米 × 62 厘米

这件《后宫中的浴池》是 19 世纪法国东方主义画家热罗姆极引人注目的作品之一，表现了一个经典的、西方人想象中的传统土耳其浴室中的景象。阳光透过天顶的窗户洒下来，画面中心处是两名或坐或倚的白人女奴和一位手拿水烟的深肤色侍从。浴室的深处是坐在浴池旁的和即将沐浴的女奴们。热罗姆以其精湛的写实技巧刻画了人物和场景的细节：伊斯兰世界独特的服饰、家具、器物、蓝色纹样的瓷砖和光滑的大理石地面。尽管画家从未走入过真正的土耳其后宫浴室，但他通过对东方人物和物品惟妙惟肖的真实组合和描绘，塑造出了西方人眼中最自然和谐的“真实”东方，也因此被称为“学术现实主义”（academic realism）。这幅油画在 1876 年的巴黎沙龙展出后，就被俄国皇室购买收藏（装饰在冬宫的一间书房内），因为它是一幅适合于贵族研究和了解异域东方的优秀范例。

在西方艺术史中，东方主义向来是一个热度不减的文化现象。从大金字塔到泰姬陵，中东和印度数百年来始终吸引着西方人的目光和持续不断地探寻，也启发了他们在建筑、文学、音乐和时尚等各方面的创作灵感。这一潮流在 19 世纪达到了顶峰，热罗姆正是这个时期东方主义画家中的佼佼者。他从 1893 年开始担任法国东方主义画家协会的名誉主席，是德拉克洛瓦之后最有名的东方主义画家。他热爱东方并多次探访东方——埃及、土耳其、叙利亚、巴勒斯坦和西奈半岛。因为对伊斯兰世界生活场景的精确描绘，他还享有伊斯兰世界“民族志”（ethnographic）艺术家的声誉，作品具有很高的文献价值。

《手持鞭子的孩子》

Child with a Whip

作者 \ 皮埃尔 · 奥古斯特 · 雷诺阿
时间 \ 1885 年
材料 \ 布面油画
尺寸 \ 105 厘米 × 75 厘米

这幅《手持鞭子的孩子》，是一幅充满了温暖与魅力的传统肖像画。画中的孩子是 5 岁的小男孩伊蒂安 · 古戎（Etienne Goujon），一位法国参议员的儿子。他穿着小女孩儿的裙子（19 世纪 80 年代的巴黎流行时装），显得有点儿娘娘腔。童装的浅蓝色、白色褶边和苍白的皮肤与身后花园的棕色、绿色和黄色形成了鲜明对比。清晰的自然色和流动的气氛占据着画面，印象主义的装饰风格非常明显，男孩身上自由且温和的气质展现出雷诺阿儿童绘画的典型风格，这几乎是艺术史中最迷人和可爱的儿童形象了。

绘制这幅肖像画的 1885 年，是艺术家职业生涯的后期，也是雷诺阿艺术转型的变革阶段。此时的画家开始关注拉斐尔和安格尔的艺术，探索着在画面中运用更硬的线条和轮廓勾勒，这与印象派最初的绘画方式截然不同。例如，孩子身后的花园运用了印象派的自由笔触，但孩子的面部和四肢则有着明确的轮廓。自由的笔触和勾勒边线之间的冲突在整个画面中很明显，衣服的粗糙轮廓和明确的面部边缘形成了鲜明对比。尽管冲突明显，但整幅作品的色调是温暖而统一的，花园中斑斓的色彩与活泼可爱的童装相呼应，观众的注意力被男孩的活力和他可爱的容貌所吸引，从而化解了视觉上的“冲突”。这种风格被称为雷诺阿的“硬边”（hard）或“安格尔”风格，反映了雷诺阿印象主义探索的矛盾期。到了 19 世纪 90 年代，画家的焦虑基本结束，不再使用僵硬的线条，而是再次回归抒情自在的画风。

《埃顿花园的回忆（阿尔勒的女士）》

Memories of the Garden at Etten
(Ladies of Arles)

作者 \ 文森特 · 梵 · 高
时间 \ 1888 年
材料 \ 布面油画
尺寸 \ 73 厘米 × 92 厘米

这幅《埃顿花园的回忆》是梵 · 高在普罗旺斯的阿尔勒创作的。1888 年 2 月，梵 · 高从巴黎搬到了这里，开始了为期十五个月的疯狂绘画。这期间他完成了两百多幅作品，这种创作的疯狂或许与他间歇性爆发的抑郁症和精神类疾病有关，但这批作品中却包含了他最知名的画作《黄房子》、《夜晚的露天咖啡座》、《向日葵》、《邮递员鲁兰的肖像》等。

《埃顿花园的回忆》总能让人想起梵 · 高的家乡荷兰以及他父母在埃顿的花园。艺术家在作品中将对法国南部明亮阳光和绚丽色彩的美好感受，与对家乡的怀念结合在了一起。画面左侧角落里的女人可能是梵 · 高的母亲和他的妹妹。她们的身后是画家想象的奇妙风景，火舌般的树木令人领略到极端的活力与激情。此时，高更已经应梵 · 高之邀来到阿尔勒，他们开始在一起工作和生活。所以，梵 · 高的绘画也明显受到了高更风格的强烈影响，画面中平面化的空间、粗轮廓勾勒的大面积色块，都是这一影响的例证。但显然，梵 · 高的浪漫气质掩盖了高更的装饰性风格，强烈的色彩和粗糙的纹理创造出了梵 · 高独有的爆炸般的能量和戏剧性绘画语言。

这是梵 · 高与高更之间极为短暂的和睦期。随着梵 · 高病情的反复，两位极具个性的艺术家不断地争吵。1888 年底的圣诞节前夕，在一场激烈的争执后，高更愤然离去，梵 · 高无法阻止，也无法抑制自己的激动，自虐式地割下了自己的右耳。

《梳头的女人》

Woman Combing Her Hair

作者 \ 埃德加 · 德加
时间 \ 约 1885 年
材料 \ 色粉画在卡纸上
尺寸 \ 54 厘米 × 52.5 厘米

在 19 世纪 70 年代后期，除了对传统布面油画媒介的灵活运用，德加还掌握了色粉这种新的绘画材料。他在有肌理的各色卡纸上，运用色粉这种干燥的介质，层层叠加复杂的色彩图层。色彩间的相互影响形成了极其丰富的视觉感受，这激发了德加的绘画热情。他开始围绕着室内的女人，尤其是沐浴中和沐浴后的女人（洗澡、擦拭、梳头等）来进行创作，一些是现场的写生，一些是根据记忆或照片来画的。此时，画家笔下的对象更加单纯，背景更加简化，笔触和线条比以前更自由，德加年轻时一丝不苟的自然主义，渐渐让位于日益抽象的形式。

尽管风格发生了变化，但德加作品中的某些特征在他的一生中都保持不变——他总是在室内画画，而且喜欢多次反复创作同一个主题。但这并未限制德加绘画的丰富度，作为一位深思熟虑的艺术家，他的作品“是分阶段准备、计算、实践和发展的。它们由局部组成，每个局部都是对整体的调整，它们是线性排列的，可以有多次反复和实验的机会”。德加自己也解释道，“在艺术中，没有什么东西看起来是偶然的，甚至连运动都不是”。

“梳头的女人”这一主题现存三个版本，另两个版本分别属于宾夕法尼亚州的私人收藏和纽约大都会博物馆。女子的姿势让人想起了安格尔《土耳其浴室》中的人物，动态的构图、大胆的剪裁和紧凑的画面都展现出德加所受到的影响，德加钟爱安格尔的绘画以及 19 世纪 90 年代开始流行的摄影艺术。

Degas

P Gauguin 93
haere ia oe -

《手持水果的女人（你要去哪里）》

— *Woman Holding a Fruit*（*Eü haere ia oe*）—

作者＼保罗・高更
时间＼1893 年
材料＼布面油画
尺寸＼92.5 厘米 × 73.5 厘米

这幅画的标题《手持水果的女人》是俄罗斯大收藏家伊万・莫罗佐夫命名的，强调了画作与原始夏娃的联系，这也是高更反复触及的主题。它最初的题目是塔希提语的“Eü haere ia oe”，翻译为“你要去哪里？”这出自《约翰福音》第 13 章：逾越节前，耶稣向门徒预示自己将被出卖。西门彼得问他：“你要去哪里？”耶稣回答说：“我所去的地方你现在不能去，今后却要跟我去。”画中女子的神情似乎是应答了门徒们的问题。

对厌倦了都市生活的高更来说，塔希提岛就是他梦寐以求的那种原始而完美的理想家园，是自然和谐而又质朴单纯的化身。1891 年到 1893 年间，高更在塔希提岛生活了两年，此后他再次返回巴黎的城市生活。

这件作品大约创作于高更在大洋洲生活的第一个时期，这个阶段的他对弥漫着神秘色彩的异国他乡抱有“旅游者式”的强烈好奇，与现代欧洲差异极大的塔希提岛令高更流连忘返。色彩明亮的热带植被、原住民独特的外貌和生活都为艺术家的创作提供了大量素材。在高更的笔下，岛民的日常生活被定格成画面上永恒的瞬间，成为人与自然和谐相处的象征。手拿水果的塔希提女孩在画面的前景中形成一种特写镜头式的构图，背景是闲散地坐在地上的女人和远处简易的房屋。高更摒弃了古典绘画和印象派的规则，创造出自己独特的艺术风格，平面化的空间，线条、形式和色块形成了富于节奏感的反复，以及大量纯色的使用，都进一步丰富了画面的装饰效果。

《巴黎蒙马特大道（午后的巴黎蒙马特大道，晴空万里）》

The Boulevard Montmartre in Paris（*The Boulevard Montmartre in the Afternoon, Sunny Weather*）

作者＼卡米耶・毕沙罗
时间＼1897 年
材料＼布面油画
尺寸＼74 厘米 × 92.8 厘米

毕沙罗是一位出生在丹麦的法国印象派和新印象派画家，也是唯一一位从 1874 年至 1886 年完整地参与了全部八次巴黎印象派展览的艺术家。作为印象派团体中年龄最大的画家，他扮演了组织者和“父亲”般的角色，“凭借他的智慧和公正、善良、热情的个性”，将印象派团体凝聚在一起并鼓励着成员们，尤其激励了新印象派和后印象派的几位画家，如修拉、塞尚、高更和梵・高。保罗・塞尚就曾说，“他（毕沙罗）是我的父亲。一个可以倾诉的人，有点像仁慈的主。”

这幅画的副标题“午后的巴黎蒙马特大道，晴空万里”，明显地提示了画家的创作理念，他试图从同一个角度去描绘蒙马特大道不同时段的景观（展现微妙的大气变化）。这是一个系列的创作，就如同克劳德・莫奈绘画的“干草垛”或者“鲁昂大教堂”系列一样，是印象派画家们基于同一主题对色和光的实验探索。1897 年，画家毕沙罗在俄罗斯大酒店租了一个房间，从那里可以清晰地看到街景。毕沙罗确定角度后，就在一天中的不同时间去描绘这个角度的景象，最终他完成了十三幅同一角度、不同光效的作品，这是其中的一幅。在这件作品中，浓郁的大气效果、复杂内敛的色彩、细小而交错的笔触，展现了一种快速移动、充满活力的城市生活的图像。

此时的毕沙罗刚刚放弃了新印象派的尝试，他在给朋友的信中写道：“我尝试了四年这个理论，但后来放弃了它……我再也不能认为自己是新印象派的一员了……（新印象派的方法）不可能忠于我的感觉，从而呈现生活和运动，不可能忠于自然的效果，如此随机和令人钦佩，不可能给我的画赋予一个个性，我不得不放弃。”回归印象派风格后，毕沙罗的作品变得“更加微妙，他的配色方案更加精致，他的绘画更加牢固……因此，毕沙罗在接近老年时越来越精通（印象主义了）。”

C. Pissarro. 97

《春景中的人物 （神圣的树林）》

— *Figures in a Spring Landscape*（*The Sacred Grove*） —

作者 \ 莫里斯 · 丹尼斯
时间 \ 1897 年
材料 \ 布面油画
尺寸 \ 157 厘米 × 179 厘米

莫里斯 · 丹尼斯是 19 世纪的法国画家、装饰艺术家和作家，是一位介于印象派和现代艺术过渡时期的重要人物，也是“纳比”（Les Nabis）画派的成员。纳比画派，指的是19世纪80 年代末，一群对保罗·高更和保罗 · 塞尚有着共同钦佩并试图革新绘画的巴黎朱利安学院的学生群体，他们认为艺术作品不是对自然的描绘，而是艺术家创造的隐喻和符号的综合。因此，丹尼斯的作品中也带有明显的象征主义成分。第一次世界大战后，丹尼斯创立了“神圣艺术工作室”（Ateliers d'Art Sacré），从事教堂内部的装饰并致力于复兴宗教艺术。

这是一幅神话和民间主题紧密交织的绘画，展现了传统的“美惠三女神”的主题，也描绘了一个流传久远的古老游戏。画中的年轻少女们用鲜花和花环来祈福自己未来的爱情，左边的女孩已经将心爱之人的名字刻在了树上，通过文字、花环与大自然灵性世界的链接，她已经准备好迎接自己的灵魂伴侣。意大利诗人阿里奥斯托 （Ariosto）在其经典的《疯狂的罗兰》（*Orlando Furioso*）中，曾描述过这一中世纪骑士文学里常常涉及的主题，这浪漫的一幕后来在意大利巴洛克绘画中被广泛运用。

作为一件成熟的象征主义作品，身着白衣的女孩是春天的化身，背景中的双鹿，仿佛悠闲地在天堂花园里漫步，它们正大着胆子靠近这几个天真善良的女孩。由于女孩们是到树林里与灵性世界交流的，所以画面中的鹿或者是听觉的隐喻、或者是森林女神狄安娜的象征（狄安娜的坐骑是鹿）。女神会祝福年轻人的爱情，并为他们的选择作证。

《手持野花的女人》

Woman with Wild Flowers

作者 \ 奥迪隆 · 雷东（Odilon Redon，1840—1916 年）
时间 \ 约 1895—1898 年
材料 \ 纸上炭笔与色粉笔
尺寸 \ 52 厘米 × 37.5 厘米

奥迪隆 · 雷东是 19 世纪的法国象征主义艺术家，以其梦幻般的、诗意典雅的画作而闻名。

这幅创作于 1895 年的作品，是雷东艺术转折期的重要代表。此时的画家刚开始尝试用色粉进行创作。随后，色粉很快便成为他最喜欢的媒介。此时，雷东对印度教、佛教等东方宗教和文化也产生了浓厚的兴趣，作品带有明显的东方情调——平面、装饰且梦幻，与他职业生涯早期的作品截然不同。雷东早期的作品，无论是在普法战争之前还是之后，都几乎只使用木炭或版画的方式来创作，恐怖与幽暗是其早期绘画的显著特点。1895 年，他在写给纳比派画家埃米尔 · 贝尔纳的信中直率地表达了自己的转变：“这是真的，我越来越觉得要放弃黑色了。和你私底下说说，黑色已使我觉得精疲力竭。虽然我依然相信黑色来自我内心最深最隐秘的角落，毕竟，黑色是最为本质的色彩，不是吗？我已经画了太多的黑色作品，我觉得可以稍稍放纵一下自己了……”此后，雷东放弃了黑色，明朗、炙热的颜色开始在他的作品中爆发，直到画家生命的最后时光。

这件《手持野花的女人》没有任何可资依据的文学典故，只体现出雷东对色彩想象力的狂热追求。艺术家曾解释说，他的艺术目标是“让有形的逻辑服务于无形的意味”。女人忧郁的眼神看向画外，她手中的鲜花几乎已经呈现为抽象的色块，并和女人身后未知的空间融合在了一起。光明仿佛刚刚主导了这幽闭的世界，黑夜的暗沉与悲伤正渐渐退去，白昼的欢愉即将到来。

《圣维克多山》

Mont Sainte-Victoire

作者 \ 保罗 · 塞尚
时间 \ 1896—1898 年
材料 \ 布面油画
尺寸 \ 78 厘米 × 99 厘米

圣维克多山位于法国南部，从山顶可以俯瞰普罗旺斯的艾克斯（Aix-en-Provence），那里是塞尚的出生地。1877 年 10 月 15 日，艾克斯—马赛铁路线开通，约半年后的 1878 年 4 月，塞尚在写给好友、大作家埃米尔·左拉（Émile Zola）的一封信中称赞，圣维克多山是一个“美丽的主题”，他将这座山视作了系列创作的对象。19 世纪 90 年代，塞尚从巴黎回到家乡，正式开始了圣维克多山的系列绘画，他最终完成了三十多幅油画和四十五幅水彩画。可以说，圣维克多山是塞尚晚年最重要和最多样化的主题。

在这幅《圣维克多山》中，塞尚以中心构图的方式展示了圣维克多山本身——一座灰白色的石灰岩山峰，以及周围的山谷和平原。如此完美的视野来自于塞尚工作室的屋顶，那里被画家称为“绘画之地”（Terrain des Paintres）。在塞尚看来，对自然的精确观察是绘画的先决条件：“为了正确地描绘风景，我首先必须认识到地质分层。”与此同时，塞尚一直试图去表现对象物永恒的内部结构，而不是短暂的表面特征。这里的圣维克多山被描绘成众多几何形体的堆叠，不同的颜色表示了空间的深度。通过对圣维克多山形体的刻意变形，塞尚再次创造出自然清晰的几何结构并实现了画面的平衡。此外，塞尚还发挥了印象派画家对光线和大气细微变化的敏感，通过更透明、更轻盈的捕捉方式，来传达一种肉眼所见的直观，一种对情感的唤起，让观众可以“在他的感觉中找到秩序”。

这一时期的“圣维克多山”系列对于理解塞尚后期的作品如《浴女》等至关重要。它们表现出“强大的几何还原性”，也预示了即将到来的立体主义和抽象主义。

《滑铁卢大桥：雾中效果》

Waterloo Bridge: Effect of Fog

作者 \ 克劳德 · 莫奈
时间 \ 1903 年
材料 \ 布面油画
尺寸 \ 65.3 厘米 × 101 厘米

这件作品是莫奈在印象派后期创作的伦敦名胜系列之一。

1899 年秋，莫奈到访英国首都，一直逗留到 1901 年初才回到法国。在此期间，他记录、创作了近百幅表现泰晤士河沿岸伦敦地标性建筑的作品，如国会大厦、查令十字桥和滑铁卢大桥。画家大约从 1900 年 2 月 13 日下午 15:45 开始了这个伟大且规模庞大的创作计划。他的绘画视角都是从萨伏伊酒店（Savoy Hotel）五楼房间的窗户或露台看出去的，表现了同一主题在一天中的不同时刻的景色。画到国会大厦系列的时候，莫奈放弃了他早先的现场写生式的创作方法，而是于 1901 年回到法国吉维尼家中后再继续完善这些图像。同时，他还派人去伦敦拍摄照片以帮助他完成这项工作。这样的做法与传统的印象派很不同，因此引起了一些争议，但莫奈的回应是，他创作作品的手段是他自己的事，最终的结果由观众来评判。

在这组以城市著名景点为主题的系列创作中，景点本身并不是莫奈的重点，雾才是，就如这件作品的副标题所提示的那样。艺术家的三年伦敦之旅似乎一直在雾蒙蒙中度过，雾以奇妙的方式改变了光线、空气和氛围，甚至吞噬了整个建筑物。对瞬间流逝的印象的捕捉，被对闪烁、变化的光线中复杂而细微的色彩分析所取代。2023 年的一项研究表明，莫奈和透纳从“具象”到“印象”的风格变化应该是与日益严重的空气污染密切相关的，特别是他们的画风向模糊轮廓和白色调转变的这一现象，实际上是与当时大气中气溶胶浓度升高所引起的视觉感受的变化相一致的。这一研究结果表明，莫奈和透纳的作品真实记录了工业革命期间大气环境的变化。

Claude Monet 1903

《诗人与缪斯》

The Poet and the Muse

作者＼奥古斯特·罗丹（Auguste Rodin，1840—1917 年）
时间＼约 1905 年
材料＼大理石
尺寸＼高 63 厘米

罗丹是 19 世纪末到 20 世纪初最重要的法国雕塑家，被公认为现代雕塑的创始人。他以《思想家》、《巴尔扎克纪念碑》、《吻》、《加莱的义民》和《地狱之门》等雕塑而闻名。罗丹的这些最著名的雕塑都曾遭受批评，因为它们与传统的、具有装饰性的、并高度主题化的具象雕塑传统相冲突。而罗丹独创性地摆脱了神话和寓言的传统题材，运用自然主义的手法颂扬了人性和肉体之美，并借此拉开了与传统雕塑的距离。

这件《诗人与缪斯》展示了罗丹创作的核心议题之一——男女之间的关系，并表现了一个模棱两可的瞬间：男子肩头的女人仿佛在为他加冕，又似乎极其痛苦地要离他而去。女人生动且情绪饱满的跪姿激发了进一步的联想，其姿态别具张力。德国诗人赖内·马利亚·里尔克（Rainer Maria Rilke）是雕塑家的崇拜者，也是 1905 年至 1906 年间的罗丹的私人秘书。里尔克敏锐地观察到了这一点：“联系最密切之处是他的作品的开端和高潮；每当有新事物出现时，他就开始工作，把所有的技艺都用在创造新事物的神秘现象上。”里尔克在文学演绎中通过叙事上的突变反映雕塑中的歧义，将这一独特的姿态融入了自己中后期的诗学之中，他将女人的离开视作施爱的女人超越被爱的男人而走向超验的未来，并以英雄和胜利女神的结合致意他的赞助人兼挚友南妮·翁德利 - 伏尔卡特（Nanny Wunderly-Volkart）。

《马赛港》

— *The Harbor at Marseilles* —

作者 \ 保罗 · 西涅克（Paul Signac，1863—1935 年）
时间 \ 1907 年
材料 \ 布面油画
尺寸 \ 46 厘米 × 55 厘米

保罗 · 西涅克是一位法国新印象派的画家和艺术理论家，他与乔治 · 修拉一起发展了点彩派（Pointillism）。自 1898 年起，他以连载的形式出版了他的重要著述《从德拉克洛瓦到新印象派》（*From Eugène Delacroix to Neo-Impressionism*），这是一本重要的色彩史，也是对新印象派技法的阐释。此后多年，西涅克一直担任独立艺术家协会主席和该协会沙龙的评审团成员，并成为后印象主义和 20 世纪早期现代主义这两代艺术家之间的纽带，其中许多人都曾在法国南部与他一起共事。事实上，亨利 · 马蒂斯、安德烈 · 德兰和莫里斯 · 德 · 弗拉芒克都深受其影响。

这幅《马赛港》展现了西涅克的爱好——航海。画家于 1892 年开始航海旅行，驾驶着他的那艘小船到访过几乎所有的法国港口、荷兰和地中海，最远到达君士坦丁堡。所到之处，他都会画下充满活力、色彩缤纷的作品，这些面对大自然快速勾勒出来的草图或成品，由微小的、马赛克状的彩色方块精心组成。这些点状的色彩应用和点画技巧，通常也被描述为点彩派或分色主义（divisionism）。作为理论家的西涅克，理性地创造了这种将复杂色调分离为纯色的科学方法，并用相同的笔触排列成装饰性的马赛克状色块。在必要的距离观看时，人的肉眼会将这些颜色自动地组合在一起，这样形成的色彩感觉既生动又饱和，印象派的自发性和经验主义与精心定义的、系统的深思熟虑和精确性相结合，并深刻地影响了西涅克对绘画的构建。在西涅克的作品中，“偶然”的印象派构图被理性框架下的传统中心构图所取代，从而形成了艺术家惯用的创作方法。

《热带森林里的老虎与野牛的争斗》

In a Tropical Forest. Struggle between Tiger and Bull

作者 \ 亨利·卢梭 （Henri Rousseau，1844—1910 年）
时间 \ 约 1908—1909 年
材料 \ 布面油画
尺寸 \ 46 厘米 × 55 厘米

亨利·卢梭是 20 世纪初的法国后印象派画家。作为一位从未接受过职业训练的现代画家，他的绘画风格常常被称作“幼稚或原始主义”（Naïve or Primitive）的。还因为他曾在巴黎国家消费税部门担任过税务检查员，卢梭也被幽默地称为“海关职员”（Le Douanier）。尽管他的风格很稚拙，生前备受评论家的嘲笑，但后来他被公认为一位自学成才的天才，其作品具有很高的艺术价值，并对前卫艺术家们产生了广泛的影响。

俄罗斯工业家谢尔盖·舒金（Sergey Shchukin）是最先注意到“海关职员”亨利·卢梭的大藏家之一。1910—1913 年，谢尔盖从这位年长的艺术家手中购买了七幅油画，其中就包括这幅表现动物间厮杀主题的奇幻作品， 这幅画是卢梭研究插图杂志和参观巴黎动物园的产物，他也曾描述自己对植物园的频繁访问：“当我走进玻璃屋，看到异国他乡的奇怪植物时，在我看来，我进入了一个梦。”

在这暗色调的画面中，静谧的热带雨林深处，一只老虎正死死地咬住一头水牛的脖子，茂密的树叶层层叠叠，热带植物种类繁多，跃身而起的老虎打破了丛林的平静。画中老虎的灵感来自于浪漫主义大师德拉克洛瓦，具体的形象则来取自于 1906 年发表在《艺术》（*L'Art*）杂志上的一幅老虎攻击公牛的版画。世纪末的法国民众被异国情调和危险的主题所吸引，为了满足猎奇的愿望，卢梭多次创作了老虎的主题，并在他想象的、遥远东方的热带丛林中实现了对野蛮的探寻。卢梭看似平淡、幼稚的风格总是收获两极的评论，有些批评家常常对他的作品感到震惊或发出嘲笑，而更多的观众和专业人士却认为他画得像个孩子般天真稚拙，并创造了独特的技巧和成熟的风格。

《科利乌尔镇景色》

View of Collioure

作者 \ 亨利 · 马蒂斯（Henri Matisse，1869—1954 年）
时间 \ 1905 年
材料 \ 布面油画
尺寸 \ 59.5 厘米 × 73 厘米

科利乌尔镇是法国南部地中海沿岸的一个小镇，靠近西班牙，是一个非常安静、可爱的度假城市，整个夏天，法国西南部的居民、游客们都会在这里消暑娱乐。1905 年的夏天和 1906 年春夏，马蒂斯在这里生活和工作，画家对这个美丽小镇的描绘也可以追溯到这一时期。

在这幅《科利乌尔镇景色》中，科利乌尔的世界被阳光淹没，散发着和生活中同样、甚至更多的喜悦。马蒂斯说：“一切都必须重新创造：物体和颜色。”画面中的色彩强烈得令人难以置信。画家在没有使用阴影的情况下，创造出了明亮的南方景观和耀眼的阳光感。他在铺满瓦片的屋顶、洒满阳光的土地、垂直的墙壁和海上教堂的钟楼上，营造了橙色、红色、粉红色、淡紫色和树莓色的复杂对比。略带红色的暖色调和冰冷的蓝色海水之间的对立强化了地中海夏季的感觉，画布上的留白区域衬托了景物的绚丽色彩，使画面显得阳光明媚。1905 年，马蒂斯在巴黎秋季沙龙（Salon d'Automne）中展出了这件作品，其激进大胆、不拘一格的色彩、简化的形象和看似冲动草率的笔触都让观众惊叹不已，评论家路易 · 沃克塞尔（Louis Vauxcelles）甚至将它们描述为“野兽”，野兽派也因此得名。三年后的 1908 年，马蒂斯发表了他的《画家札记》，在这本著作中，画家对《科利乌尔镇景色》中大胆的创新进行了生动的论述——“奴隶式地再现自然，对于我是不可能的事。我被迫来解释自然，并使它服从我的画面的精神。如果一切我需要的色调关系被找到了，就必须从中形成生动活泼的色彩的合奏，一支和谐的乐曲。颜色的选择不是基于科学（像在新印象派那里）。我没有先入为主的色彩教条，色彩完全自发地向我涌来”。

《红色房间（红色的和谐）》

Red Room
（*Harmony in Red*）

作者＼亨利·马蒂斯
时间＼1908 年
材料＼布面油画
尺寸＼180 厘米 × 220 厘米

1908 年，马蒂斯在巴黎的工作室里创作了他在 1908—1913 年间的重要的作品之一——《红色房间》，这是画家工作室的餐厅，透过窗户可以看见修道院的花园。这幅被艺术家自称为“装饰板”的野兽派经典，是为俄罗斯著名收藏家谢尔盖·舒金在莫斯科豪宅的餐厅特意设计的。这也是马蒂斯创作中常见的主题：一个用花瓶、水果和鲜花装饰的美丽房间。画家在 1908 年的日记中如此描述这件作品：“我的思维基础没有改变，但思维本身已经进化了，我的表达方式也在继续，吞噬了房间的三维空间，巧妙地确认了画布表面的装饰潜力。”显然，在《红色房间》中，马蒂斯彻底在色彩中释放了自己的独特主张——对平面性和装饰性的追求。同时，在肯定红色的平面性时，艺术家还设法在其中创造了一种空间的意象。在这个虚假的空间里，正在摆放果盘的女性、椅子的锐角都显得极其自然，桌布和墙面上的装饰花纹似乎悬浮在空中，它们支配了周围所有的静物，甚至包括那个女人的形体。观众还可以看到一个有开花植物的绿色花园，目光也可以深入到画布的深处。

19 世纪末 20 世纪初，前卫（avant-garde）艺术发展的一个重要灵感来源是原始文化和东方艺术。对于高更而言，是波利尼西亚远离当代文明的原始偶像；对于毕加索而言，是非洲人的神秘木雕；对于马蒂斯而言，则是装饰。《红色房间》是一个现代主义的宣言，它代表了富有装饰性、韵律性的宇宙结构，是对平衡、宁静、纯粹形式的向往。

《舞蹈》

The Dance

作者＼亨利·马蒂斯
时间＼1910年
材料＼布面油画
尺寸＼260厘米×391厘米

这幅《舞蹈》是马蒂斯1908年至1913年间极重要、极著名的作品之一。1910年，致力于收藏19世纪末20世纪初法国艺术品的俄罗斯著名藏家、工业家谢尔盖·舒金委托画家制作了这件作品。直到1917年十月革命爆发前，它都一悬挂在谢尔盖的莫斯科豪宅的楼梯上。这件作品将马蒂斯在20世纪最初十年的两大主题充分地展示了出来：纯色的能量和线条的力量。在这仅仅使用了红棕色、蓝色和绿色的空间中，艺术家通过最简单化的线条描绘了人类和运动本身，精确地再现了舞蹈的身体被转换为抽象图案的瞬间。

人类的“黄金时代”（the golden age）是这件作品的主题，因此画面中的人物并不是真实的个体，而是想象中的人类符号。牵手的圆圈舞来自民间，保留着前基督教时代的仪式特征，在今天并没有被完整地解释。但马蒂斯衷情于这个主题，在这幅画之前，他已经画过多次这一题材了。然而，只有1910年的这件作品，才获得了为世人认可的激情和表达的共鸣。狂欢体现在红色、蓝色和绿色的强大组合中，同时也令人惊叹地将天、地、人融合在了一起。马蒂斯精妙地捕捉到了舞蹈的深刻意义，表达了人类潜意识中对自然和宇宙节奏的参与。这五个人物有着明确的轮廓，身体的变形是他们激情的唤起和通灵式的、有节奏的表达。快速的运动使身体充满了不受控制的生命力，红色成为了内在能量的象征，人类在宇宙的深蓝色中跳舞，绿色的山丘幻化为舞者的能量。画面的结构确保了本能和意识被统一为一个和谐的整体，正如我们在离心力和向心力之间找到的平衡。

HENRI-MATISSE

《巴黎的清晨》

Morning in Paris

作者 \ 皮埃尔·博纳尔（Pierre Bonnard，1867—1947 年）
时间 \ 1911 年
材料 \ 布面油画
尺寸 \ 76.5 厘米 × 122 厘米

皮埃尔·博纳尔是一位 20 世纪初的法国画家、插画家和版画家，他以具有装饰性的绘画风格和对色彩的大胆使用而闻名。作为纳比画派（Les Nabis）的创始成员之一，博纳尔的早期作品深受保罗·高更、葛饰北斋及其他日本版画家的影响。他曾受日本卷轴画的启发而在竖长垂直的面板上创作，人物形象被简化为平面轮廓，也不做画面深度的渲染，任由背景的颜色和大胆的图案支配画面，形成独特的装饰性效果。

这幅《巴黎的清晨》是由俄罗斯收藏家伊万·莫罗佐夫委托创作的，主题由艺术家自己选择。博纳尔描绘了法国首都的清晨，这些早起的巴黎市民被笼罩在黎明的薄雾中，一切都是那么凌乱。他们的动作歪歪扭扭，微睁的眼睛和倦容精准地传达出一天刚刚开始的感觉。他们在巴黎的大街上偶然相遇，又最终融入到了清晨欢快的人流中。博纳尔的构图总是照片式的，带着快照般的即时性和不完整性，但又显得真实且复杂。阳光满满的环境充满着叙事感，他热爱描绘日常生活中的种种场景，尤其喜欢描绘家庭生活的亲密时刻，因此他也被称为“亲密主义者”（Intimist）。事实上，博纳尔的“真实”与“亲密”并不是来自写生，在设定了自己的主题后，他有时会拍照、有时会做彩色的速写，最终再根据自己的材料和笔记在工作室里完成。“我手头有所有的主题，”他说，“我会去看看它们，我做笔记，然后我回家。在我开始画画之前，我反思，我做梦。”此外，他还同时在多幅画布上创作，并将它们钉在工作室的墙上反复观察。这样一来，他就可以更自由地确定一幅画的形状——“如果我的画布被拉伸到画框上，我会很困扰。我事先不知道我要选择什么尺寸”。

《构图第 6 号》

Composition VI

作者 \ 瓦西里 · 康定斯基（Wassily Kandinsky，1866—1944 年）
时间 \ 1913 年
材料 \ 布面油画
尺寸 \ 194 厘米 × 294 厘米

康定斯基来自莫斯科的一个知识分子家庭并接受了良好的教育。他曾在莫斯科大学学习法律和经济，27 岁时获得法律学博士学位。同时，他还是一位优秀的业余大提琴手。1896 年，30 岁的康定斯基为了学画而抛弃了法律教授的职位，前往慕尼黑。1900 年，34 岁的康定斯基从慕尼黑美术学院毕业，成为职业画家。1910 年，康定斯基完成了自己的第一部关于抽象艺术的重要理论著作《论艺术的精神》，这部书于 1912 年正式出版。

《构图第 6 号》完成于《论艺术的精神》出版的第二年。此时的康定斯基已经明确地认识到艺术必须关心精神而非物质方面的问题，艺术的内在精神不是外部景象或手工技巧的产物，它是一种没有主题的艺术，只能用色彩、线条以及它们之间的关系来构成。就像画家自己写到的："色彩和形式的和谐，从严格意义上说必须以触及人类灵魂的原则为唯一基础。"因此，从"构成"系列开始，所有的描绘性和联想性的要素似乎都不见了，这也是康定斯基具有表现力的抽象形式的开端。在这件《构图第 6 号》中，粗野、激荡的色彩、线条和各种形状相互穿插在画面中，康定斯基要通过线条和色彩、空间和运动的方式，不参照任何可见的自然对象，来表明一种精神上的反应或判断。康定斯基在一篇专门论述这幅画的文字中如此描述：这是"一场客观发生的巨大灾难，同时也是一首绝对的、独立的、热情洋溢的赞歌，就像一首关于灾难之后的新创造的赞美诗"，"就像一段音乐的逐渐展开一样"。

《有切开的梨和一串葡萄的构图》

Composition with a Cut Pear and a Bunch of Grapes

作者 \ 巴布洛 · 毕加索
时间 \ 1914 年
材料 \ 纸板、牛皮纸拼贴、水粉、石墨铅笔和杉木锯屑
尺寸 \ 67.6 厘米 × 52.2 厘米

作为 20 世纪的伟大的艺术天才之一，毕加索在其漫长和充满创造力的职业生涯中发展出了众多的艺术风格。1908 年，毕加索以《亚维农的少女》为立体主义代表作在艺术世界确立了身份。此后，毕加索在立体主义中不断地探索，一直持续到 20 世纪 20 年代前后。在此期间，他经历了经典立体主义、综合立体主义和分析立体主义三个阶段。这幅《有切开的梨和一串葡萄的构图》正是毕加索综合立体主义时期最正式的作品。

大约在 1912 年以后，毕加索的立体主义探索进入到综合立体主义的阶段。这一阶段，色彩在画面中起到了主导性的作用，观众也可以在画面中清晰地看到画家对色彩的理解——受乔治 · 修拉的影响而将形象分化为色点的处理手法，这种方式大大增加了画面的装饰性特征。此时，毕加索还开创了将实物拼贴到画面中的艺术手法，进一步丰富了画面的肌理变化，也向观众提出自然与绘画之间永恒的问题——现实与幻觉的关系。

在这幅作品中，形象与现实存在物的联系被减少到最低限度。除了切片梨的部分（或者更确切地说是其象征性轮廓）和葡萄，没有其他可识别的物体——它们的形象被抽象化、简化为扁平的色块，画中散碎的纸片是画出来的，一切都前后无序，而且有多处刻意强调深度效果的阴影，从而显示出多层丰富的是幻觉效果。但这些破碎的纸片又呈现出高低起伏的变化，同一个表面在某一时刻一会儿看似后退，一会儿又看似凸起。艺术家的签名被夹在了右下方不起眼的几层纸片的中间。

Picasso

Raoul Dufy

《多维尔港的帆船》

Sailing-Boats In Deauville

作者 \ 劳尔 · 杜菲（Raoul Dufy，1877—1953 年）
时间 \ 约 1936 年
材料 \ 布面油画
尺寸 \ 54 厘米 × 80.5 厘米

劳尔 · 杜菲是一位出生于法国北部海滨城市勒阿弗尔的野兽派画家，热衷于描绘诺曼底沿海城镇的景色，并以对露天社交活动场景的生动描绘而闻名。他从不追求绘画的完整性或表现性结构，发展出了一种色彩缤纷的装饰性风格，并引领了陶瓷和纺织品设计以及公共建筑装饰的时尚。除此之外，杜菲还是绘图员、版画家、书籍插图画家、风景设计师、家具设计师和公共空间规划师。

在这件《多维尔港的帆船》中，劳尔 · 杜菲用欢快的笔触描绘了那个时代典型的度假场景——海滨游艇、别致的派对和音乐活动。迷人的多维尔港距离巴黎两个小时的车程，自 19 世纪中期以来就成为巴黎贵族与艺术家眼中时髦的度假胜地。直至劳尔 · 杜菲的时代，多维尔港已经成为了享誉法国的海滨度假小镇，拥有各式各样豪华精致的设施，还常常举办丰富多彩的高雅展览。杜菲绘画特有的乐观、时尚的装饰性特征，与多维尔港的娱乐属性深度契合，这也意味着他的作品基本不带有批判性和试图解决更广泛的社会问题的诉求，这和画家所受到的野兽派影响直接相关。1905 年，杜菲在独立沙龙上看到了亨利 · 马蒂斯的经典《奢华、宁静与愉悦》，由此将个人兴趣转向了野兽派，并尤其强调鲜艳的色彩和大胆的轮廓。直到 1920 年，在短暂接触立体主义风格之后，杜菲将野兽派与立体主义的风格进行了融合，发展出自己独特的绘画方法——空间压缩的透视、骨感鲜明的结构、速记式的快速绘画方式，并特别发展了轻薄的半透明色的运用。

《明信片》

Postcard

作者 \ 费尔南 · 莱热（Fernand Léger，1881—1955 年）
时间 \ 1932—1948 年
材料 \ 布面油画
尺寸 \ 92 厘米 × 65 厘米

费尔南 · 莱热是一位 20 世纪初的法国画家、雕塑家和电影制作人。他深受立体主义的影响，借助于机器的启发将绘画对象转化为椎体、圆柱体和多面体，发展出一种个人风格明确的立体主义——强调圆柱形的立体主义。此后他又把人物形象也引入到机械的世界，并渐渐将其调整为更具装饰性的和象征意义的立体主义风格。此外，莱热还因其对现代题材大胆的简化处理而被视为波普艺术的先驱。

这幅《明信片》清楚地展示了莱热作品风格的过渡性变化，尽管画面中还依稀可见立体主义的影子，但有机的、不规则的形式变得更加重要，画中的女人们似乎是现代生活中的夏娃。对于 19 世纪末 20 世纪初的前卫艺术家而言，大众文化用品总是值得描绘并能够激发灵感的，在这一点上，莱热走得更远。对他来说，作为这件作品主题的“明信片”，虽然看上去只是一种无关紧要的日常物品，却也可以成为现代艺术中寓意深刻的艺术象征。画面右侧两个肢体粗壮的女人，一枚印有女性头像的邮票，仿佛都在表达着艺术家的信条：通过描绘那些看似无聊的日常物来拓展艺术表现的边界，作品中虽然看不到宏大的古典信条或人文关怀，也罕有对历史典故或文学文本的援引，但画面所呈现出来的现代式的力量与意志、秩序与结构、真诚与热情仍能产生打动观众的艺术魅力。

F.LEGER.

普拉多博物馆

The Prado Museum

卢浮宫博物馆

大都会艺术博物馆

艾尔米塔什博物馆

大英博物馆

普拉多博物馆

The Prado Museum

“西班牙和欧洲最严谨的艺术家们所讲述的那些平凡的人和神圣不朽的故事，使今天的普拉多博物馆不但构成了一段非凡的艺术史，亦成为西班牙和欧洲从古代到当下不可多得的形象集锦。”

——普拉多博物馆馆长米格尔·法洛米尔·福斯（Miguel Falomir Faus）

图 1. 普拉多博物馆的外观

西班牙的普拉多博物馆位于马德里市中心。它不仅是西班牙最重要的博物馆，也是世界上极重要的博物馆之一。普拉多博物馆拥有全欧洲最优质、最感性的绘画收藏，其历史可追溯到 19 世纪初，先后经历了独立战争、第二次世界大战和西班牙内战，并完好无损地保存至今。在这栋具有独特价值的建筑中，斑驳繁复的细节不仅见证了西班牙君主制的历史，也巨细无遗地展现着西班牙艺术发展的伟大历程。观者无论是历史迷还是艺术迷，都能够在这座博物馆中感受到西班牙君主制的强大力量和西班牙艺术的永恒魅力（图 1）。

图 2. 费尔南多·布兰比拉（Fernando Brambilla，1763—1834 年）的《皇家博物馆的圣赫罗尼莫入口》（*View of the San Jerónimo Entrance to the Real Museo*）。这幅画展示了普拉多博物馆原始外观的北立面全景

一、历史与建筑

普拉多博物馆是在西班牙国王卡洛斯三世（Carlos III）统治期间建造的。作为西班牙波旁王朝最杰出的统治者，这位实行"开明专制"的君主希望通过一系列的城市改造、新建建筑和相关收藏，为马德里创造一个不朽的城市空间。为此，卡洛斯三世于1785年拜访了他最欣赏的建筑师、西班牙启蒙运动的代表人物胡安·德·维拉纽瓦，并委托他建造一座自然历史陈列馆（the Natural History Cabinet），这座陈列馆就是普拉多博物馆的前身。同时，卡洛斯三世还要求建筑师对普拉多大道（Paseo del Prado）进行新的城市化改造，今天普拉多博物馆附近的植物园和马德里市政厅就是维拉纽瓦这一时期的杰作。

18世纪末的普拉多大道位于城市的边缘，那里有大片的空旷绿地和一些修道院的菜园或花园。也是由于这样的历史渊源，建于圣赫罗尼莫教堂前草坪（Prado of San Jerónimo）上的普拉多博物馆就有了现在的名字——"Prado"（西班牙语为"草地"的意思）（图2）。如今，普拉多大道早已是马德里市区内最黄金的地段。在这条令人愉悦的林荫路上，除普拉多博物馆（图3）外，还耸立着西班牙另外两家最重要的博物馆——蒂森—博内米萨博物馆（Museo Thyssen-Bornemisza）和索菲亚王后艺术博物馆（Reina Sofia Museum）。它们共同构成了马德里的艺术金三角，为来自世界各地的观光客以及热爱西班牙艺术和历史的人们提供着丰富的精神文化资源（图4）。

卡洛斯三世统治结束后及至整个半岛战争（1808—1814年）期间，

图3. 普拉多博物馆正门（西门）

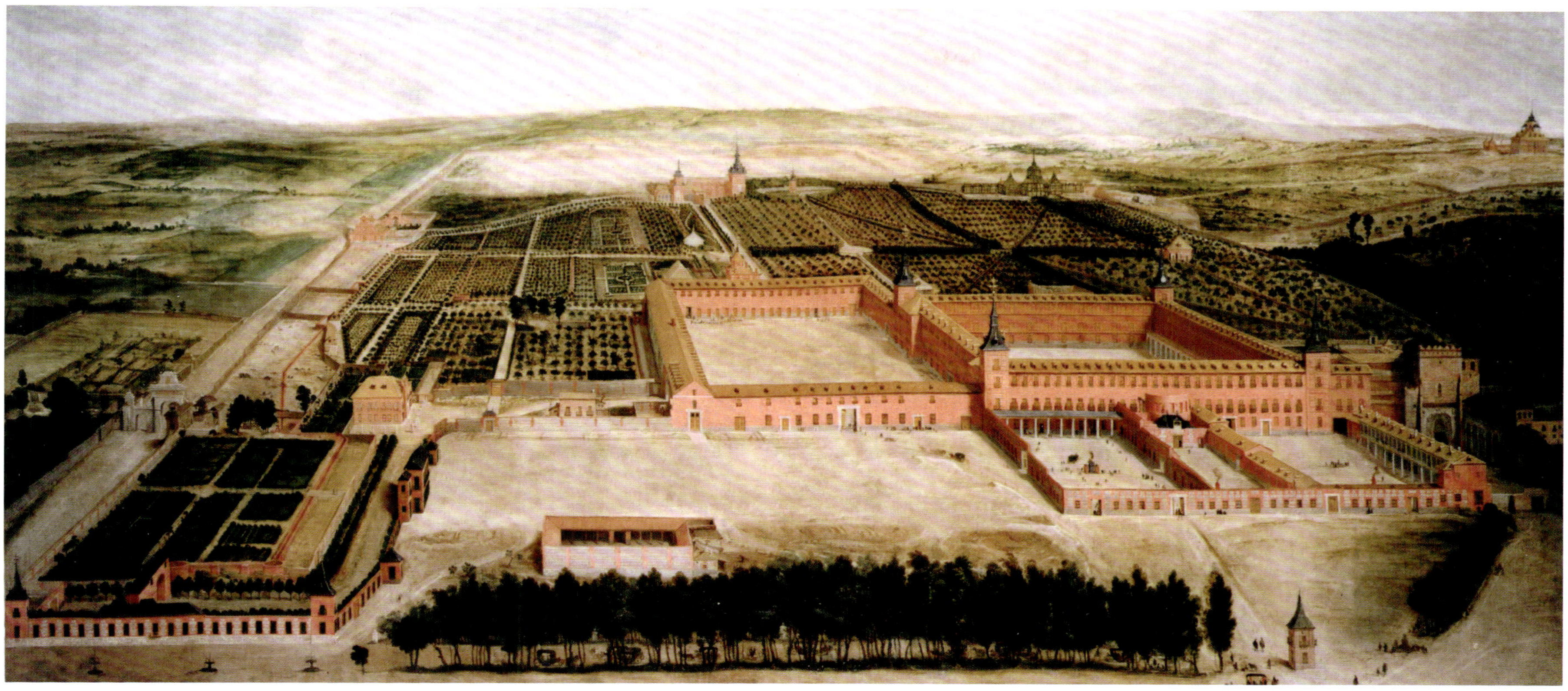

图 4. 由朱塞佩·列奥纳多（Jusepe Leonardo，1601—1652 年）画于 1637 年。画面的左边是今天普拉多博物馆的所在地，中间和右边是丽池宫和花园（Buen Retiro Park）

自然历史陈列馆的建造工作都处于停滞状态。战争期间，这栋未完工的建筑曾被用作骑兵总部和驻扎在马德里的拿破仑军队的火药库。直到卡洛斯三世的孙子费尔南多七世（Fernando VII）继位，这位皇帝才在第二任妻子葡萄牙的玛丽亚·伊莎贝尔（María Isabel de Braganza，图 5）的鼓励下，重新开始了陈列馆的修造，并决定将其作为新的“皇家绘画和雕塑博物馆”（Royal Museum of Paintings and Sculptures）。

1819 年 11 月 19 日，皇家绘画和雕塑博物馆首次向公众开放。它的创建具有双重意义，一是保存几个世纪以来西班牙历任统治者的收藏，二是将这些藏品公开展示，“用于学术研究和公众的休闲娱乐”。博物馆的第一份藏品目录也于同年出版，出于对本土绘画的重视，其中专门记录了三百一十一幅西班牙绘画。当时的博物馆已经拥有了来自世界各地的一千五百余幅绘画，这些极为重要的皇家藏品构成了今天普拉多博物馆的收藏核心，其中包括罗吉尔·凡·德尔·维登的《下十字架》、耶罗尼米斯·博斯的《人间乐园》、埃尔·格列科的《手抚胸膛的贵族男人》、丢勒的《26 岁时的自画像》、委拉斯贵支的《宫娥》、鲁本斯的《美惠三女神》和戈雅的《卡洛斯四世一家》等（图 6）。

1868 年，波旁家族的伊莎贝拉二世（Isabella II）流亡法国，皇家绘画和雕塑博物馆被国有化，并正式更名为“普拉多博物馆”，面向普通民众开放。

1872 年，特立尼达博物馆（Museo de la Trinidad）关闭，它的藏品被划归普拉多博物馆。这其中包括凡·艾克的追随者创作的《恩典之泉》、佩德罗·贝鲁格特为阿维拉的圣托马斯修道院（Santo Tomás）绘制的祭坛画，以及埃尔·格列科为阿拉贡圣母学院（Colegio de Doña María de Aragón）创作的祭坛画等。此外，1971 年关闭的现代艺术博物馆（Museo de Arte Moderno）再次补充了普拉多博物馆的 19 世纪收藏，

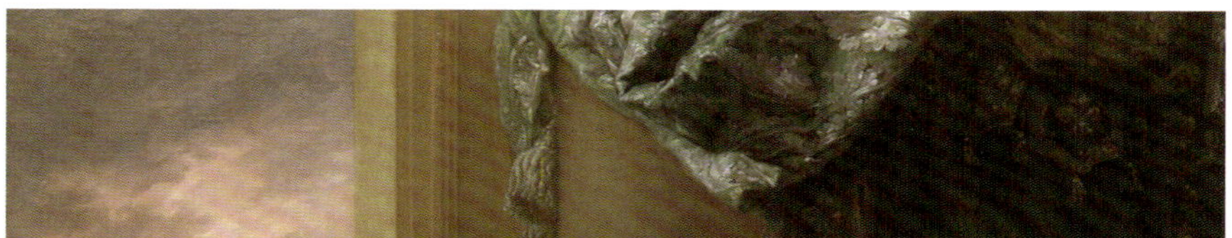

图 5. 贝尔纳多·洛佩斯·皮克尔（Bernardo Lopez Piquer，1799—1874 年），《玛丽亚·伊莎贝尔·德·布拉甘萨皇后》（*Queen Maria Isabel de Braganza*），创作于 1829 年。玛丽亚·伊莎贝尔皇后是葡萄牙国王若昂六世的女儿，1816 年嫁给了西班牙国王费尔南多七世。她是普拉多博物馆的创始人

图 6. 普拉多博物馆一楼的主展厅

图 7. 卡洛斯·德·海斯的《欧罗巴峰的曼科博山口》（*The Mancorbo Canal in the Picos de Europa*），创作于 1876 年，布面油画，尺寸为 168 厘米 × 123 厘米

其中包括马德拉索家族、卡洛斯·德·海斯（Carlos de Haes，1829—1898 年）（图 7）、爱德华多·罗萨莱斯和索罗拉等西班牙艺术家的作品。

不仅如此，众多的遗赠、捐赠和购买对普拉多博物馆藏品的丰富也起到了至关重要的作用。例如，巴勃罗·博斯（Pablo Bosch）向博物馆捐赠了其令人惊叹的徽章收藏；佩德罗·费尔南德斯·杜兰（Pedro Fernández Durán）捐赠了维登的杰作《圣母子》、系列纸本绘画和装饰艺术品；拉蒙·德·埃拉祖（Ramón de Errazu）捐赠了 19 世纪的一些绘画；巴隆·埃米尔·德兰格（Barón Emile d'Erlanger）也于 1881 年捐赠了具有独特价值的戈雅的系列"黑画"等。通过购买而进入博物馆收藏的作品，包括 1993 年和 2001 年入藏的埃尔·格列科的两幅作品《寓言》（*Fábula*）和《逃亡埃及》、2003 年入藏的委拉斯贵支的《费迪南多·布兰达尼的肖像》以及 2016 年购入的弗拉·安吉利科（Fra Angelico，1387—1455 年）的《石榴圣母》（*The Virgin with the Pomegranate*，图 8）等。

今天的普拉多博物馆已经拥有约八千两百幅素描、七千六百幅油画、四千八百幅版画和一千件雕塑。此外，这里还收藏有许多其他类型的艺术品和历史文献，堪称西班牙最大、最重要的博物馆。

目前，在普拉多博物馆拥有的三层展览空间中，展品按照时间和地域线索逐层陈列，地面层是 14—16 世纪西班牙、意大利、佛兰德斯绘画及古典时期和文艺复兴时期的雕塑；一层是 17—19 世纪西班牙、意大利、佛兰德斯绘画，其中包括戈雅和委拉斯贵支的大量作品；二层展出了戈雅的部分绘画作品、草图以及 18 世纪的其他绘画作品。

就西班牙艺术而言，普拉多博物馆呈现了从中世纪到现代主义时期西班牙本土艺术最完整的历史，这些作品与意大利及欧洲北部各画派大师的作品交相辉映，共同构建了独特而和谐的收藏系统。

二、国王的乐趣与品位

在西班牙历史中，王室一直是西班牙艺术最重要的赞助人，他们的收藏几乎构成了今天普拉多博物馆收藏的主体。自 1516 年哈布斯堡家族统治西班牙开始，到 1868 年波旁王朝的伊莎贝拉二世宣布退位，在这三百多年的历史中，历任君主几乎都对艺术抱有浓厚的兴趣：查理五世和他的儿子腓力二世（图 9）是提香的赞助人，委拉斯贵支是腓力四世最信赖的宫廷画家，戈雅则担任了卡洛斯四世宫廷的首席画家……除了对这些最重要的艺术家进行赞助，当时的西班牙王室还常常邀请外国的艺术家们来到宫廷中进行创作，尽管 16 世纪最成功的艺术家们常常不愿意去西班牙，因为西班牙严苛的天主教专制统治让一些艺术家担心自己会被扣留在宫廷中，有去无回。与此同时，这些西班牙君主还对欧洲各国的艺术品充满了兴趣，特别是在 16 世纪和 17 世纪，他们购买了大量的国外画作，尤其是意大利、荷兰和法国的艺术品。

图 8. 弗拉·安吉利科的《石榴圣母》，创作于约 1426 年，画于木板上，尺寸为 87 厘米 × 59 厘米

18 世纪，随着西班牙国力的衰落，《乌得勒支和约》（*Treaty of Utrecht*）的签订导致帝国丧失了对低地国家的统治。为了避免从荷兰、比利时等地进口奢侈品，西班牙王室决定在马德里赞助开发一系列豪华的手工艺品，这其中尤以挂毯制造和水晶玻璃制品的成就最引人注目。当时年轻的戈雅就曾担任挂毯厂的总监并设计生产了许多用于王室宫殿的挂毯，以及至今仍令人称赞的“玻璃、水晶王室工厂”（la Real Fábrica de Cristales de La Granja）的玻璃制品。此后的拿破仑战争和西班牙内战，使得王室的收藏以及收获外交礼物的增长速度逐渐减慢。在 1868 年波旁家族被推翻后，这些曾经的王室收藏转为公有，大量藏品开始在不同地点展出，但马德里的普拉多博物馆集中了最主要的藏品，并以丰富多彩的绘画作品闻名遐迩。

图 9. 索福尼斯巴·安圭索拉（Sofonisba Anguissola，1532—1625 年）的《西班牙国王腓力二世》（*Philip II of Spain*），创作于 1565 年，布面油画，尺寸为 88 厘米 × 72 厘米

1. 哈布斯堡家族（1516—1700 年）时代

在哈布斯堡王朝统治西班牙之前，卡斯蒂利亚的伊莎贝拉一世（Isabel I la Católica）就已经开始了她庞大的艺术收藏。这位奠定了西班牙政治统一基础的伟大女王一生共收藏了约三百件画作，但其中西班牙本土的作品却为数不多。在这些西班牙本土绘画中，有一套胡安·德·佛兰德斯绘制的精美的小型宗教画作，据说是伊莎贝拉的女婿“美男子”腓力一世（Philip I，查理五世的父亲）买来送给女王的。画家胡安从 1496 年起开始担任伊莎贝拉一世的宫廷画家，但他现存于普拉多博物馆的所有画作都是在 20 世纪后获得的，因为伊莎贝拉一世去世后，她拥有的这些收藏并没有被作为一个整体遗赠后人，而是由于拍卖流散各处。对普拉多博物馆主体收藏的真正建构，实际上开始于卡洛斯一世（查理五世）时代。

作为西班牙哈布斯堡王朝的首位国王，查理五世是一位敏锐而挑剔的收藏家。在他不懈地开疆拓土的过程中，丰富的阅历让他意识到文艺复兴时期艺术的多样性，尤其是意大利艺术的多样性。提香于 1529 年创作的《曼图亚公爵和他的狗》（*Federico Gonzaga, Duke of Mantua*，现藏普拉多博物馆，图 10）曾给他留下了深刻的印象，于是在 1532 年时，查理五世安排提香在博洛尼亚为他绘制了一幅全身肖像。在这件作品中，提香在查理五世的身旁画了一只猎犬，这就是现今在普拉多博物馆可以看到的《站着的查理五世与他的狗》（*Charles V Standing with His Dog*）的由来（图 11）。在这件作品中，提香刻意通过低视角和压缩人物周围空间的方式，从视觉上增加了国王的身高，并以一种真实可信的绘画语言展现了画中人物非凡的个人魅力。提香完美的绘画技艺彻底征服了查理五世，从那时起，国王就再也没有为其他任何肖像画家摆过姿势。这也开启了哈布斯堡家族与提香的合作，以及西班牙王室对意大利绘画的欣赏与收藏。

图 10. 提香（约 1488/1490 —1576 年）的《曼图亚公爵和他的狗》，创作于 1529 年，布面油画，尺寸为 125 厘米 × 99 厘米

与此同时，查理五世的妹妹匈牙利的玛丽（Maria von Ungarnd）也是一位敏锐的收藏家。她在 1531 年获得了尼德兰的摄政权后，对荷兰的早期绘画进行了广泛的收藏，其中就包括今天普拉多博物馆的经典藏品、大画家罗吉尔·凡·德尔·维登的大型祭坛画《下十字架》，除了这件作品，据说她还拥有至少十件以上提香及其追随者的绘画。

查理五世的姑姑奥地利的玛格丽特（Margaret of Austria）也曾于 1528 年短暂地担任过荷兰总督，她同时也是当时广泛流行的荷兰绘画的热心收藏家。她最著名的藏品包括扬·凡·艾克的《阿尔诺芬尼夫妇像》，遗憾的是，拿破仑战争让这件作品流转成为伦敦国家美术馆的收藏。

图 11. 提香的《站着的查理五世与他的狗》，创作于 1533 年，布面油画，尺寸为 194 厘米 × 112.7 厘米

图 12. 提香的《维纳斯与阿多尼斯》，创作于 1554 年，布面油画，尺寸为 180 厘米 × 207 厘米。这是提香于 1553 年至 1554 年间为哈布斯堡王朝创作的经典神话作品之一

图 13. 提香的《腓力二世》（*Portrait of Philip II in Armour*），创作于约 1551 年，布面油画，尺寸为 193 厘米 × 111 厘米。腓力二世是查理五世和葡萄牙的伊莎贝拉的独生子。1551 年，他成为西班牙摄政王。查理五世退位后，他被加冕为西班牙国王。提香描绘了这位时年 24 岁的王子，他身着华丽的盔甲，白色的长袜与铠甲上的金色光泽相呼应，苍白的肤色显得与众不同

在对低地国家的艺术品收藏中，挂毯是除绘画外最重要的类型。在查理五世统治时期，王室在挂毯上的花费甚至远超绘画，而与查理五世同时代的亨利八世也是如此。王室对挂毯的购买和收藏是与他们一生紧密相伴的，这些精美的挂毯既是家族传统的延续，也反映了当时统治者们共同的艺术品位和收藏偏好。

腓力二世（1527—1598 年）当政时期，或许是为了纪念自己的父亲，也或许是因为他比父亲更热衷于艺术，腓力二世委托并购买了更多的作品。在四十二年的执政期内，腓力二世收藏了约一千五百件画作和约七百幅挂毯。这其中包括他从父亲查理五世那里继承的收藏，也包括他自己的委托和购买，其中有提香创作的神话系列《维纳斯与阿多尼斯》（*Venus and Adonis*，图 12）和《丹娜伊》等经典，这些都是提香晚期创作中最杰出的名作。在这宏大的收藏之外，腓力二世（图 13）还于 1561 年将西班牙的首都设在了马德里，这是他的父亲计划但未曾实施的。与此同时，他还在马德里西北约 50 千米处的瓜达拉马山南坡修建了埃斯科里亚尔修道院（Escurial Monastery），以此纪念他的父亲并象征伟大的西班牙哈布斯家族所拥有的天赋王权。修道院的建筑和装饰体现了腓力二世统治时期最高的艺术成就，也清晰地展现了西班牙文艺复兴时期艺术风格的典范。腓力二世的统治时期是西班牙的黄金时代，也是西班牙艺术最鼎盛的时期。

图 14. 委拉斯贵支（Diego Rodriguez de Silva y Velazquez，1599—1660 年）的《腓力四世》（*Philip IV*），创作于 1623 年，布面油画，尺寸为 210 厘米 × 102 厘米。委拉斯贵支在出色地完成了这件国王肖像后，于同年 10 月 6 日被任命为腓力四世的宫廷画家

从 1598 年到 1621 年的西班牙是腓力三世的时代，除了延续对王室肖像的定制，国王对其他的艺术类型并不感兴趣。可以说，腓力三世统治的时代是西班牙艺术创作最不起眼的时期。在与艺术相关的为数不多的记录中，他曾委托法国的样式主义艺术家詹博洛尼亚为自己制作了一座骑马的雕像，但詹博洛尼亚甚至没有亲自到访过西班牙，而大名鼎鼎的佛兰德斯大师鲁本斯也只是曾以大使的身份出使西班牙。

与腓力三世形成鲜明对比的是，腓力四世（1621—1665 年在位）（图 14）的长期统治见证了君主在艺术赞助中浓重的个人影响。在 1621 年至 1630 年间，鲁本斯以西班牙王室外交官的身份出访欧洲多国，他最杰出的外交成就是成功缔结了西班牙与英国的友好关系。在马德里期间，作为艺术家的鲁本斯还结识了西班牙历史上最伟大的画家委拉斯贵支。这一时期，腓力四世最器重的宫廷画师罗德里戈·德·维兰德兰多刚于 1622 年去世，年轻的委拉斯贵支引起了国王的注意。1623 年，在完成了为国王绘制的第一幅肖像画之后，委拉斯贵支就在腓力四世的资助下将家人全部接到了马德里。此后，他不但终生为王室服务，还在宫廷中步步高升。腓力四世极其喜欢委拉斯贵支的陪伴，并经常到画室看他画画，在大师那件似乎不太正式的宫廷肖像画《宫娥》中，便展示了艺术家与国王和王后之间随性而亲密的私人关系。不仅如此，在腓力四世的资助下，委拉斯贵支还分别于 1629—1630 年和 1649—1651 年两次访问意大利。在第二次出访期间，他还担任为国王购买艺术品的代理人，并以其艺术家敏锐和具有洞察力的眼光，大规模地将那个时代及艺术史上最伟大的意大利大师的精美作品带回了西班牙，使得西班牙成为保有意大利早期绘画经典最多的国家之一，也构成了今天普拉多博物馆最核心的绘画收藏。

2. 波旁王朝（1700—1868 年）时代

1700 年，波旁家族继哈布斯堡家族之后登上了西班牙国王的宝座。法国国王路易十四的孙子腓力五世（1724—1746 年在位）（图 15）成为西班牙国王之后，为西班牙带来了为数众多的法国 17 世纪和 18 世纪的作品。除古典大师克洛德·洛兰和尼古拉斯·普桑的作品，还有如亚森特·里戈、尼古拉斯·德·拉尔吉利埃等肖像大家的作品，以华托为代表的洛可可风格的绘画，以及风景、神话、装饰等众多类型的名家经典。

在整个 18 世纪，意大利和法国的许多画家陆续来到西班牙宫廷为腓力五世、费尔南多六世和卡洛斯三世服务。因此，在王室收藏中，提埃波罗父子、科拉多·吉安昆托、弗朗西斯科·索利梅纳、蓬佩奥·巴

图 15. 让·朗可（Jean Ranc，1674—1735 年）的《腓力五世家庭肖像》（*The Family of Philip V*），创作于约 1723 年。腓力五世是西班牙波旁王朝的第一位国王，他是法国国王路易十四的孙子

托尼等人的作品大量增加。来自德国的新古典主义画家安东·拉斐尔·门斯也曾为卡洛斯三世及其王室成员绘制了许多肖像画、宗教画和壁画，其中著名的《阿斯图里亚公主帕尔马的玛丽亚·路易莎》（*Maria Luisa of Parma*，图 16），生动地再现了帕尔马公爵的女儿，成功地彰显了年仅 14 岁的路易莎的端庄和高贵的社会地位。画中的路易莎刚刚与她的堂兄、后来的西班牙国王卡洛斯四世完婚，她身着法式礼服，面带微笑，对未来充满了信心。

卡洛斯四世统治下的西班牙虽因法国的入侵而备受摧残，但仍有相当数量的艺术品被王室购入。西班牙历史上极伟大的画家戈雅就生活在这个时代，尽管国王昏庸无能，但戈雅却因国王的庇护和钟爱而得以独善其身，创作了众多精彩绝伦的艺术作品。1808 年西班牙人民起义，已是傀儡的卡洛斯四世于 3 月 19 日退位。虽然他非常希望传位于自己的儿子，但在拿破仑·波拿巴的强势阻挠下，约瑟夫·波拿巴（拿破仑的哥哥）最终成为西班牙的新国王。至此，传承了几百年的西班牙王族权杖落地，直到费尔南多七世复辟才重新夺回了遗失的王权，但西班牙的辉煌已成明日黄花。

费尔南多七世是卡洛斯四世的长子，在反抗拿破仑持久而残酷的独立战争结束后，费尔南多七世复辟了波旁王朝。为了纪念过往的统治者，他亲手缔造了普拉多博物馆，将历代王室的收藏（埃斯科里亚尔收藏的除外）汇聚在这个全新的建筑中。1868 年伊莎贝拉二世下台后，博物馆被收归国有，并获得了新的名称——“普拉多博物馆”。1872 年，普拉多博物馆还从教堂和修道院收购了大量的著名画作。至此，依王权意志而构建的最感性的藏品群成为普拉多博物馆艺术收藏的主体。

三、西班牙的历史与艺术

伴随着西班牙王权的更迭，王室的趣味渐渐积淀成为西班牙本土最丰富和最系统化的艺术谱系。从 16 世纪的格列柯，到 17 世纪的委拉斯贵支，再到 19 世纪的戈雅等，这些开宗立派且成就斐然的大师们在人类艺术史的璀璨星河中形成了光彩夺目的艺术星团，为后世的人们呈现了一场别开生面的视觉盛宴。

西班牙文艺复兴最早于 13 世纪便已初露端倪，进入 15 世纪，西班牙正式拉开了文艺复兴的大幕。当时，意大利和尼德兰的艺术都对西班牙产生了重要影响。

16 世纪上半叶，在查理五世的倡议下，西班牙开始全面向意大利学习。这时，有不少西班牙画家去意大利游学，同时也有一些意大

图 16. 安东·拉斐尔·门斯的《阿斯图里亚公主帕尔马的玛丽亚·路易莎》，创作于约 1765 年。玛丽亚·路易莎（1751—1819 年）是帕尔马公爵腓力的女儿。1765 年，她嫁给了自己的堂兄、西班牙国王卡洛斯四世，成为阿斯图里亚公主

图 17. 佩德罗·贝鲁格特（Pedro Berruguete，1450—1504 年）的《烧死异教徒》（*Burning of the Heretics*），创作于约 1500 年，油画，画在木板上，尺寸为 154 厘米 × 92 厘米

图 18. 阿隆索·桑切斯·科埃略的《卡洛斯王子》，创作于 1555—1559 年，布面油画，尺寸为 109 厘米 × 95 厘米。卡洛斯王子（1545—1568 年）是西班牙王位继承人，腓力二世的长子。这幅肖像画明显地美化了王子的面部和身体缺陷，因为其父母近亲结婚的缘故，王子在出生时就患有严重的生理和心理畸形。1568 年，他被腓力二世软禁，半年后死去，成为西班牙的黑色传奇

图 19. 路易斯·莫拉莱斯的《圣母子》，创作于约 1570 年，油画，画于木板上，84 厘米 × 64 厘米

利画家到西班牙服务宫廷或传授艺术。不过，意大利的人文主义思想始终未能在西班牙的土地上扎下根，这是由于西班牙的封建势力和宗教势力要比意大利顽固得多。这一时期西班牙绘画的代表人物是佩德罗·贝鲁格特，他的《烧死异教徒》（*Burning of the Heretics*，图 17）忠实地展示了 15 世纪和 16 世纪西班牙宗教裁判所的残酷行径以及它们在处置异教徒时刑罚的具体执行方式和细节：绞刑、火刑前的勒刑，以及那些被判处忏悔的人所戴的尖帽子。同一时期的画家阿连赫·费尔南德斯的作品《鞭笞基督》，则展示了北方风格与意大利风格之间的平衡，他的人物形象充满着想象力，造型优雅，构图冷静而平衡。此时的西班牙在思想上相对开放，人文主义的思潮得到了一定程度的传播与发展。

1556 年后，西班牙进入保守时期。在腓力二世执政期间，人文主义思想的传播受到了一定的阻碍。腓力二世一心想把艺术变成巩固王权的工具，而著名的埃斯科里亚尔修道院就是他夸耀王权至上的象征。当时著名的宫廷画家阿隆索·桑切斯·科埃略（Alonso Sanchez Coello，1532—1588 年）创作的《卡洛斯王子》（*Prince Don Carlos*）（图 18）、《伊萨贝拉·克拉拉·尤金妮亚公主与卡塔利娜·米凯拉公主》和《唐·塞巴斯蒂安，葡萄牙的国王》等，都通过对固定姿态和端庄华丽外观的强调，强化了哈布斯堡王朝继承者们的理想化形象，以及他们所拥有的权力和肩负的社会责任。

在意大利的影响下，16 世纪下半叶的西班牙同样出现了样式主义艺术。路易斯·莫拉莱斯（Luis de Morales，约 1520—1586 年）的《圣母子》（*Madonna with the Child*，图 19）正是这种艺术最典型的代表。作品中圣母和圣子被表现成身体拉长的变形姿态，并带着浓重的神秘主义色彩。长居托莱多城的埃尔·格列柯也是这一时期特定艺术风格的代表画家。他出生于希腊的克里特岛，原计划在马德里宫廷中谋得一席之地，但过于强烈的个人风格使得他未能获得国王的青睐，于是前往并定居于西班牙中部的古城托莱多。那里是西班牙没落贵族聚居的地方，格列柯怀才不遇的心情与当地贵族没落的情绪产生了共鸣。格列柯作品中经常表现出苦闷、沉思、怀疑、骚动不安的情绪，他用一双悲观的眼睛注视着现实，仿佛“周围的整个世界在崩溃”。今天的普拉多博物馆拥有格列柯众多的代表作，如《寓言》、《五旬节》、《基

图 20. 埃尔·格列柯的《手抚胸膛的贵族男人》，创作于约 1580 年，布面油画，尺寸为 81 厘米 × 66 厘米。贵族将右手放在心脏上的手势不仅表明了虔诚的态度，也表明了一种将维护荣誉的意图。这是一幅相当正式的、个性服从于美德的肖像

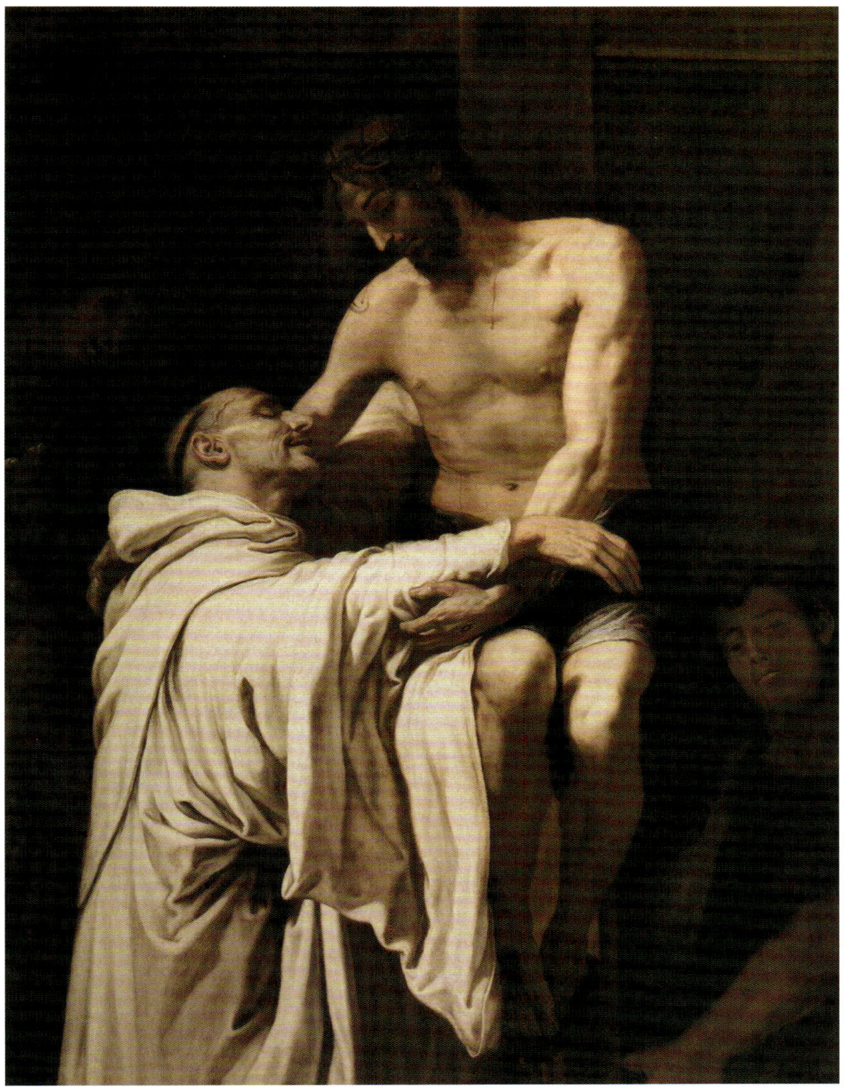

图 21. 弗朗西斯科·里瓦尔塔的《拥抱基督的圣伯纳德》，创作于 1625—1627 年，布面油画，尺寸为 158 厘米 × 113 厘米。里瓦尔塔是 17 世纪西班牙第一位采用新写实风格的画家

督的复活》、《圣三位一体》、《受胎告知》等等。其中《手抚胸膛的贵族男人》（*Nobleman with his Hand on his Chest*）（图 20）是西班牙文艺复兴时期的杰作，也是格列柯的广为人知的作品之一。这是画家在托莱多的第一年绘制的，画中人物直视着观者，他的眼神和手势令人印象深刻，背景和衣服都是黑色，只有他的头部、放在胸前的手以及佩剑的剑柄用亮色画出了高光的效果。这种做法似乎违背了传统的光学原理，然而正因如此，观者才能够更直观地感受到圣骑士的虔诚、坚定以及内心的执着。

16 世纪下半叶到 17 世纪初，在西班牙的一些地方画派中也出现了密切关注现实生活的画家，其中最杰出的代表是巴伦西亚（Valencia）画派的弗朗西斯科·里瓦尔塔（Francisco Ribalta，1565—1628 年），他的《拥抱基督的圣伯纳德》（*Christ Embracing St Bernard*，图 21）以其充满阳刚之美的自然主义而引人注目。与上一个时代打磨光滑的笔法截然不同，他的笔法大胆和自由，通过明暗对比来强调一种带有雕塑感的造型，表现出体积和力量的美感。现实主义画家的出现为西班牙 17 世纪艺术黄金时期的到来奠定了基础。

进入 17 世纪后，昔日的西班牙帝国日益衰弱——“西班牙的自由在刀尖的铿锵声中，在黄金的激流中，在宗教裁判的火刑凶焰中消失了”。在这样的历史背景下，西班牙的艺术界却人才辈出，甚至在 17 世纪上半叶出现了艺术史上所谓的“黄金时期”。

西班牙的艺术之所以能够繁荣发展，主要得益于三个方面的因素：首先是西班牙文学的影响，其次西班牙地方画派中现实主义力量的存在和发展，第三是意大利卡拉瓦乔主义艺术广泛而深入的传播。16 世纪下半叶，西班牙的文学先于美术进入了创作的繁荣期，这时最伟大的文学代表是塞万提斯（Cervantes）和大戏剧家维加（Vega）。维加曾明确提出，艺术要表现时代，应该把我们在生活中看到的东西反映出来，他的观点对西班牙艺术中深刻的现实主义视角产生了深远的影响。塞万提斯和维加的作品都启发后人去观察现实生活，反映普通民众的生活和思想，并在作品中力求表现出民族精神。西班牙艺术中的波德格涅斯（Bodegones）风格正是在这种精神指引下发展起来的。

西班牙“黄金时期”艺术的特点还集中地体现于肖像画创作中，特别在一些表现底层人民的肖像画中，画家笔下的人物往往有一种特

图22 弗朗西斯科·德·苏巴朗的《葡萄牙的圣伊丽莎白》（*St Elizabeth of Portugal*），创作于约1635年，布面油画，尺寸为184厘米×90厘米

图 23. 路易斯 · 梅伦德斯的《有巧克力用具的静物》（*Still Life with Chocolate Service*），创作于 1770 年

图 24. 文森特 · 洛佩兹 · 波塔纳（Vicente López Portaña，1772—1850 年）的《费利克斯 · 马克西莫 · 洛佩兹，皇家礼拜堂的首席风琴手》（*Félix Máximo López，First Organist of the Royal Chapel*），创作于 1820 年

殊的气质——坚定、冷峻、刚毅，这在其他国家的作品中是很少见的。这种力量和气质的形成无疑与反抗摩尔人近八百年的斗争有关。正是因为有这样一些特点，西班牙的肖像画才能在世界艺术史上独树一帜，并具有永恒的意义。里贝拉（Ribera）、苏巴朗（图 22）和委拉斯贵支是西班牙美术“黄金时期”的三大代表画家，他们的作品集中地体现了西班牙艺术的独特风采。

在腓力五世统治期间，宫廷对艺术的赞助导致了西班牙艺术品位的巨大变化，这位来自法国波旁家族的统治者显然更青睐法国的艺术风格和艺术家，而西班牙本土的画家则很难受到宫廷的关注和雇用。这一时期活跃于西班牙宫廷并产生了广泛影响的画家是来自意大利的乔凡尼 · 巴蒂斯塔 · 提埃波罗和来自德国的新古典主义画家安东 · 拉斐尔 · 门斯，而西班牙画家米格尔 · 哈辛托 · 梅伦德斯受到宫廷的喜爱则是一个罕见的例外。

由于极少获得王室的赞助，许多西班牙画家不再极力追求洛可可或者新古典主义风格，而是在传统的宗教题材中延续巴洛克风格，壁画家弗朗西斯科 · 巴耶 · 苏比亚斯的《奥林匹斯：巨人的陨落》就是如此。本土艺术家的另一个重要出路是肖像画，如委拉斯贵支所取得的重大成就。静物画是一个特例，来自意大利的画家路易斯 · 梅伦德斯（Luis Meléndez，1716—1780 年）获得了阿斯图里亚亲王（Príncipe de Asturias，未来的西班牙国王卡洛斯四世）的委托，创作了一系列旨在展示西班牙餐食丰富性的静物画。他延续了桑切斯 · 科坦和苏巴朗的西班牙静物画传统，对食物展开了自然主义式的细致研究，并通过使用明亮的光源、低矮的视点和严肃的构图使画面产生一种戏剧化的视觉效果，同时他也对反映启蒙时代新精神的反射、纹理和高光表现出浓厚的兴趣和高度的关注（图 23）。

1808 年拿破仑率军入侵西班牙，这场半岛战争一直持续至 1814 年，最终以反法同盟击败法军而告终。备受卡洛斯四世喜爱的宫廷画家戈雅以系列版画“战争的灾难”和他最著名的油画《巨人》、《1808 年 5 月 3 日：马德里的枪声》等，揭示了当时最真实的战争阴霾以及艺术家与祖国休戚与共的情感。与此同时，19 世纪的各种艺术运动也影响

图 25. 费德里科·德·马德拉索（Federico de Madraz，1815—1894 年）的《比尔切斯伯爵夫人阿玛莉亚·德·利亚·诺·多特莱斯》（*Amalia de Llano y Dotres, Countess of Vilches*），创作于 1853 年，布面油画，尺寸为 126 厘米 × 89 厘米

图 26. 安东尼·穆尼奥斯·德格兰的《特鲁埃尔的恋人》，创作于 1884 年，布面油画，尺寸为 330 厘米 × 516 厘米。取材自传奇文学"为爱而死"的主题，是 19 世纪西班牙绘画中的流行主题。德格兰的这件作品于 1884 年被普拉多博物馆收购

了西班牙的艺术家们，他们大多在巴黎、罗马等地接受专业的艺术训练，并将国际上广泛流行的新古典主义、浪漫主义、现实主义和印象主义风格带回了西班牙。然而，独立战争、专制统治以及卡利斯特战争（Carlist War）的悲剧等特殊的西班牙国情使得这些国际风格在西班牙的传播被一再推迟或发生变异。但肖像画和历史题材仍然是西班牙最受欢迎的类型，尤其是委拉斯贵支的风格和技巧仍发挥着长期而广泛的深刻影响。文森特·洛佩兹·波塔纳（图 24）是 19 世纪西班牙学院主义最重要的代表画家，费德里科·德·马德拉索（图 25）则延续了法国画家雅克—路易·大卫及其弟子安格尔的新古典主义风格。莱昂纳多·阿伦扎、瓦莱里亚诺·贝克尔和安东尼奥·玛丽亚·埃斯奎维尔是西班牙浪漫主义的领军人物。

在这些耳熟能详的大师之外，普拉多博物馆还拥有许多从前鲜为人知却令人看后为之动容的杰作。例如，西班牙中世纪罗曼风格的壁画中那些一丝不苟的线条和充满装饰感的图案，独特而令人惊艳；19 世纪画家安东尼·穆尼奥斯·德格兰（Antonio Muñoz Degrain，1840—1924 年）的《特鲁埃尔的恋人》（*Lovers of Teruel*，图 26），则以扎实的古典技法还原了一个悲伤的中世纪爱情故事，精致的人物、器具以及纵深的空间，使这个宽 3 米、长 5 米的宏大画面像戏剧中的一幕，令人心潮澎湃；还有华金·索罗拉的现实主义题材作品《然而他们仍然抱怨鱼太贵！》，画面描绘了杂乱破烂的船舱里堆着捕捞上来的鱼，还有为之付出生命的少年和他衣衫褴褛的同伴，这种不稳定的构图、零乱的杂物、对人物衣褶的细致刻画，以及逼近观众视点的强透视都令画作显得无比真实而沉重。

可以说，正是欧洲各时代大师的艺术珍品和西班牙人民的民族精神，构成了普拉多博物馆独特而丰满的文化形象。在这个意义上，这座西班牙国家博物馆不只是一座不容错过的旅游地标，更是西班牙民族艺术的展示窗口，在世界各地游客的参观访问中，展现着绮丽多姿的艺术光辉。

图 27. 普拉多博物馆新建的超现实主义侧厅，由建筑师拉斐尔·莫内欧设计。目前房间中展示的是发现于哈德良皇帝别墅遗址的缪斯雕像，制作年代约在公元 130 年至 150 年间

四、新世纪的普拉多

自从 1819 年普拉多博物馆成为面向公众开放的美术博物馆以来，开放的姿态和独特的收藏理念为它带来了独特的文化气质和夺目的艺术光彩。这里不仅是收藏西班牙绘画作品最全面、最权威的美术馆，更是位列世界五大博物馆之一的世界级艺术殿堂，这些馆藏的艺术珍品彰显着西班牙君主的收藏品位，同时也见证了西班牙的历史。特别是通过对西班牙本土文化艺术的专题性收藏和展示，普拉多博物馆为世界各地的艺术家、学者、知识分子和艺术爱好者们打开了认识西班牙文化、走进西班牙历史的绝佳入口。

1978 年，普拉多博物馆启动了一项名为“Prado Extendido”的长期推广计划，他们在西班牙全境举办了博物馆藏品的巡回展览，并鼓励人们学习和传播相关的艺术史知识，希望通过这种积极的推广措施，提高博物馆藏品在西班牙民众中的认知度和美誉度。同时，普拉多博物馆还与西班牙国内的二百七十多家文化机构、博物馆、展览中心等开展合作，从博物馆学的角度，对从事艺术展览和文化传播的工作人员进行培训，帮助他们提高举办艺术展览的专业能力和实操水平。

2001 年，普拉多博物馆开始了建成以来最重要的扩建工程，整个工程历时六年，直到 2007 年完工。当今西班牙最知名的也是唯一获得普利兹克奖的建筑师拉斐尔·莫内欧（Rafael Moneo）荣任这项工程的负责人，在面向普拉多博物馆东立面的场地上建造了一座新的建筑，并从内部将两座建筑物进行了巧妙的连接，从而使博物馆展厅的总面积扩大至 1.6 万平方米，为博物馆日渐增多的观众和藏品提供了充足的空间（图 27）。

2019 年，是普拉多博物馆开馆两百周年。在这具有特殊历史意义的一年中，普拉多博物馆推出了一系列重要的纪念活动。首先，博物馆将策划展览的重点放在了如何呈现博物馆藏品不断扩充的历史演进，以及建筑物本身如何随着藏品的增加而不断调整发展的历史沿革上，并同时策划实施了一场西班牙国内的巡回展览“De gira por España”。更为重要的是，2019 年 11 月 19 日，普拉多博物馆藏品的完整档案库正式上线，这也许是两百周年纪念活动中最雄心勃勃的项目，并使普拉多博物馆成为西班牙乃至全球范围内第一家推出此类线上业务的博物馆。正是由于这项极具前瞻性的工作，普拉多博物馆在随后发生的全球疫情过程中为自己开辟了新的发展空间，通过官方网站和社交媒体为长期居家的人们带来了艺术的慰藉。2020 年，普拉多博物馆在因疫情蔓延而闭馆三个月后，通过一场名为“重聚”（Reunited）的大型展览再次向全球公众打开了大门。

藏品的扩充、博物馆的扩建以及各项数字化推广措施的采用，都不断地加强着普拉多博物馆与世界各地艺术爱好者之间的联系，普拉多博物馆也始终秉持“无论他们来自何处，我们都意识到，这里展出的那些奇妙的绘画、雕塑和美丽的物品，会让每一位游客产生一种独特的艺术体验，我们希望这种体验既激动人心又令人难忘”的信念，走进新的世纪。

普拉多博物馆

重磅藏品赏析

15
FRA ANGELICO
(1400-1455)
LA ANUNCIACION

《受胎告知》

The Annunciation

作者 \ 弗拉·安吉利科
时间 \ 1425—1428 年
材料 \ 木板坦培拉
尺寸 \ 194 厘米 × 194 厘米

弗拉·安吉利科是意大利文艺复兴早期的画家，同时也是多明我教派（Dominican Order）的修士。他的一生只为信仰作画，实现了个人宗教虔诚与艺术理想的完美统一。作为转折期的画家，他还将哥特艺术晚期的优雅和装饰风格与文艺复兴时期倡导的自然光线和真实空间有机地融合在了一起。普拉多博物馆收藏的这件《受胎告知》祭坛画，正是安吉利科杰出艺术成就的最佳体现。

《受胎告知》祭坛画由六幅独立的画作构成，其中最大的画幅表现了《圣经》中的经典场景“受胎告知”。木匠约瑟的妻子玛利亚正在面向花园的门廊下祈祷，耶和华遣天使突然降临在她面前，告诉她即将无垢受胎，生下男孩必取名耶稣。吃惊的玛利亚仍保持着虔诚的姿态，天使告诉她，这是上帝的意志，理应祝福。花园的左角表现了亚当与夏娃被赶出伊甸园的场景。亚当和夏娃偷食禁果的罪行成为其子孙后代与生俱来的原罪，也成为人类一切罪恶与灾难的根源。即将降世的耶稣将以替人类受死的方式救赎信徒的罪孽——“人只有信耶稣基督，才能免去一切罪”。《受胎告知》的下方是五幅等大独立的小幅画作，分别描绘了圣母生平的五个重要事件：圣母订婚、拜访表妹圣伊丽莎白、基督降生、神殿奉献和圣母升天。

创作这件祭坛画时，正处于以焦点透视法和人体解剖为基础的写实艺术崛起的时代，安吉利科将这类技巧用于表现丰富的画面空间，但对透视法的运用则显得相对克制。画家更关注如何通过视觉语言来表达“情感的真实”，而非“视觉的真实”。这件祭坛画最初来自菲耶索勒的圣多梅尼科教堂（Church of San Domenico），1611 年被出售并带到西班牙。

《沃勒祭坛画》

The Werl Altarpiece

作者 \ 罗伯特·康宾（Robert Campin，约 1378—1444 年）或弗莱芒大师（Master of Flémalle）
时间 \ 1438 年
材料 \ 木板油画
尺寸 \ 101 厘米 ×47 厘米 / 幅

这件祭坛画原本是一件三联的木板油画，但中间的面板已经丢失，因此普拉多博物馆展示的是祭坛画的左右翼。祭坛画的左翼描绘了跪着的赞助人海因里希·冯·沃勒（Heinrich von Werl），他是一位来自科隆的神学家，也是当地兄弟会（Minorite）骑士团的团长。沃勒的身后是披着及地红袍的施洗者约翰，约翰的手上托着象征其身份的羔羊。房间深处的壁柜上挂着一面映照全屋的镜子，画家对镜子的处理显然借鉴了伦敦国家美术馆所藏的扬·凡·艾克的《阿尔诺芬尼夫妇像》，那件作品比画家康宾的这件祭坛画早四年完成。

祭坛画的右翼描绘了正坐在长椅上阅读的女圣徒芭芭拉（St. Barbara）。圣芭芭拉是公元 3 世纪时的异教徒狄奥斯库斯（Dioscorus）的女儿，狄奥斯库斯曾为了防止美貌的女儿接触基督教信仰而将她关在一座高塔中。秘密地成为基督徒后，芭芭拉拒绝结婚。狄奥斯库斯勃然大怒，向总督举报了自己的女儿，芭芭拉也因此遭受了残酷的折磨。最后，狄奥斯库斯亲自执行了对女儿的斩首，而他回家后便被闪电击中，化为灰烬。在这件作品中，康宾将芭芭拉画在了当时荷兰人日常生活的房间中，房间窗外的风景暗示了女圣徒曾被囚禁于高塔的故事，这种手法是早期荷兰画派将抽象化的《圣经》故事转换成具象化实景的典型方式。

由于受到中世纪拜占庭细密画的影响，尼德兰画家笔下的世界都显得平整而细腻。在康宾的作品中，赞助人与圣芭芭拉所在房间的色调显得柔和而明亮，燃烧的石制壁炉、厚重的铸铁壁炉架、崭新的木质桌椅、锃亮的铜壶与托盘、屋顶的天花板和精心拼接的地砖等，所有的细节都描绘得精准得当，神秘的宗教气氛与地方特色合而为一，形成了独特的绘画风格。

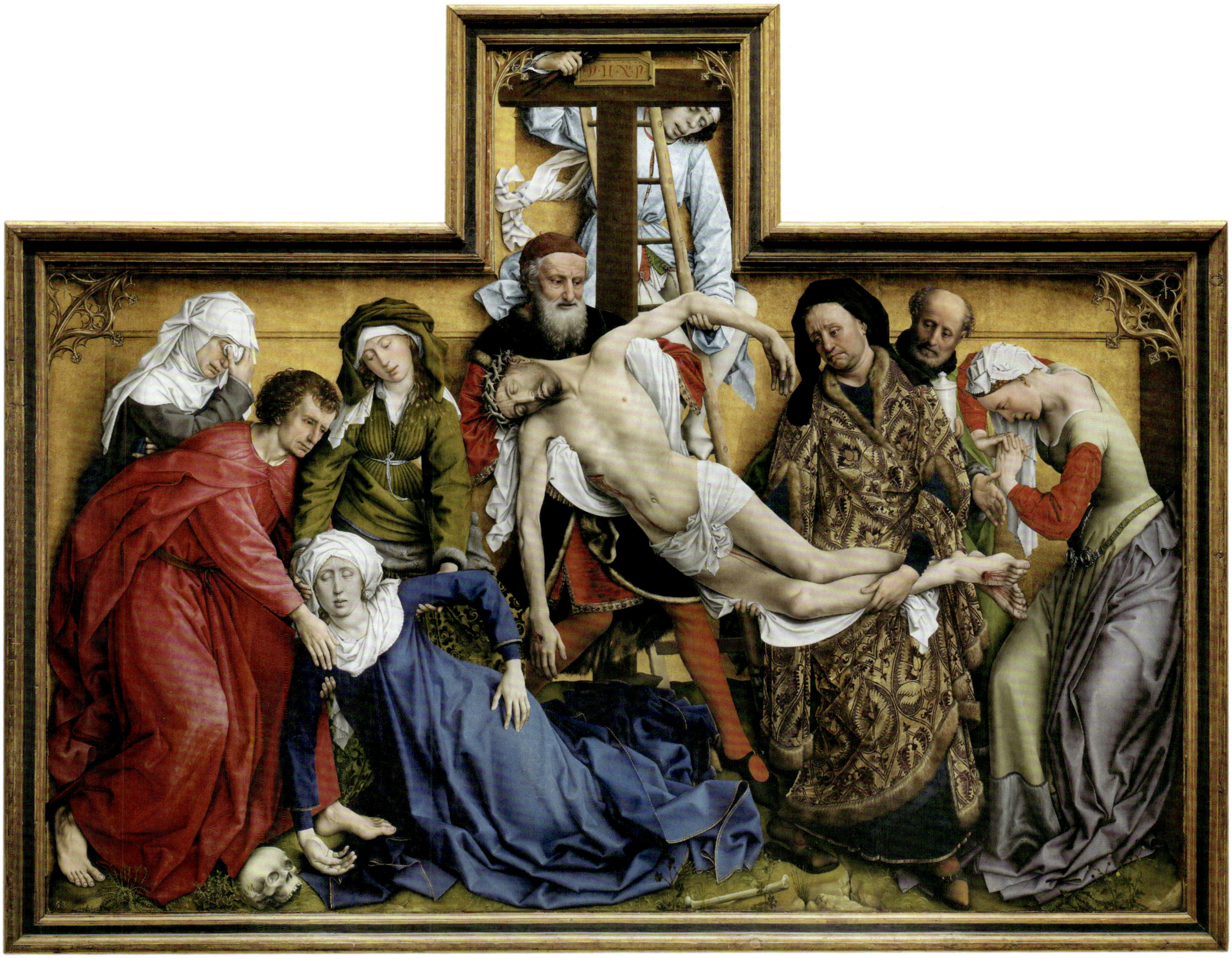

《下十字架》

Deposition

作者 \ 罗吉尔·凡·德尔·维登
时间 \ 约 1443 年
材料 \ 木板油画
尺寸 \ 220 厘米 × 262 厘米

这幅《下十字架》祭坛画是罗吉尔·凡·德尔·维登现存最早的绘画，也是他最伟大、最具影响力的名作。它最初是为比利时的鲁汶弓箭手公会（the Confraternity of the Archers of Leuven）设计的，荷兰摄政王“匈牙利的玛丽”于 1548 年从鲁汶获得了这件作品。后来她的侄子西班牙国王腓力二世拥有了它，并将它收藏在马德里附近的埃斯科里亚尔修道院，最终被收归国有。

这幅画高约 2.2 米，宽约 2.6 米，远远超出了荷兰早期绘画的常规尺寸。在巨大的画面中，十个人物几乎填充了画面的全部空间，他们的头部甚至紧贴着画面的边缘。耶稣的尸体已经被从十字架上取下，他被自己的信徒们簇拥着。年长的亚利马太的约瑟（Joseph of Arimathaea）和法利赛人尼哥底母（Nicodemus）托着耶稣的身体，身着蓝袍的玛利亚已经悲痛得昏倒在地，她由耶稣最喜爱的门徒约翰和一位圣女搀扶。在画面的最右边是绝望的抹大拉的玛利亚，她的情绪也似乎濒临崩溃。

祭坛画的背景是中世纪绘画中常见的金色，为纯金制作，但装饰性的平面背景并不影响画家对人物群像的自然主义描绘，每一个细节都显得真实而准确。壁龛虚拟的空间深度容纳了这些情绪各异的人物，十字架后侧站在梯子上的信徒被挤压在画面最上方的狭窄空间中，而他下方的亚利马太的约瑟的头部则几乎从画面中凸了出来。这些人物都被空间紧紧包裹，他们的身体从金色的壁龛中凸显出来。尽管这些人物的姿态看上去都有很强的现实感，但维登试图在“真实的人物”与“抽象的背景”之间制造某种视觉冲突的意图却是显而易见的。也正是基于这一点，画面上形成了强烈的视觉张力，出色地表现了基督下十字架这一瞬间的永恒性及其带给观者的心灵冲击。

《被天使托住的死去的基督》

The Dead Christ Supported by an Angel

作者 \ 安东内洛·德·梅西纳（Antonello da Messina，1430—1479 年）
时间 \ 1475—1476 年
材料 \ 木板油画
尺寸 \ 74 厘米 × 51 厘米

安东内洛·德·梅西纳是一位活跃于文艺复兴早期的意大利画家。在著名的艺术理论家乔尔乔·瓦萨里的《艺苑名人传》中，他被描述为第一位将油画引入意大利的画家。安东内洛曾在那不勒斯接受艺术训练，并深受佛兰德斯绘画的影响，他将北方画派的细腻手法和南部对解剖学、体积和透视的关注结合起来，堪称绘画技术上的大师。

《被天使托住的死去的基督》是一幅富有诗意和精神张力的绘画，再现了《圣经》中最令人悲恸的一幕：天使将死去的基督从十字架上放下来，托着已经死去的基督的身体。在这里，托住基督身体的天使不仅仅是被动的观看者，他也和人类一样经历了悲伤的情绪，他的哭泣与悲哀带着强烈的感染力。荆棘刺破了基督前额的皮肤，他胸口明显的伤口还淌着血，此时的基督似乎还没有完全死去，正处于死亡和新生的中间阶段，即复活的临界时刻。远处清晨的阳光洒满田园诗般的乡村，宁静祥和的气息完全掩盖了各各他山遍地骷髅的死亡气息。基督微微张开的嘴和静止的身体似乎开始呼吸这湿润而新鲜的空气。

画中天使托住死去基督的图像起源于中世纪晚期，是“基督受难”这一主题的隐喻。这类图像通常描绘赤裸着上半身的基督站在石棺中并露出自己的伤口，以此引发世人对其所承受痛苦的沉思。在常规的构图中，通常会有一位或多位天使簇拥着基督，他们可能会拥抱他、哀悼他，甚或解开裹尸布让观者直视他的痛苦，这是一种表现宗教情绪的艺术方式——基督在坟墓中被扶起，暗示着他即将起死回生，强烈的宗教悲痛情绪在基督与信徒之间建立起一种特殊的精神交流和心灵上的亲近感，从而达到传播教义的目的。

《老实人纳斯塔基奥的故事》

The Story of Nastagio degli Onesti

作者 \ 桑德罗 · 波提切利（Sandro Botticelli，1445—1510 年）
时间 \ 约 1483 年
材料 \ 木板坦培拉
尺寸 \ 83 厘米 × 138 厘米 / 幅

这是一套创作于波提切利全盛时期的绘画，全套作品共四幅，前三幅现藏于普拉多博物馆，第四幅收藏于佛罗伦萨的普奇宫（Palazzo Pucci）。大约在 1483 年，波提切利受“华丽者”洛伦佐·美第奇（Lorenzo the Magnificent）的委托，创作了这套婚礼订件。画中的场景描绘了薄伽丘《十日谈》中第 5 天的第 8 个故事：意大利北部城市拉文纳（Ravenna）的贵族纳斯塔基奥所经历的奇妙故事。

第一幅画，也是故事的第一篇，以拉文纳市周围的一片松林为背景。纳斯塔基奥因为失恋而郁郁寡欢，他在朋友们（左侧帐篷旁）的建议下外出散心，独自一人在城市周边的树林中忧伤地徘徊。此时，他看到一名裸体的女子被一名骑士和一只猎犬追赶，于是拿起树枝试图保护她，但猎犬还是咬住了女人的后腿。

在第二幅画中，裸体的女子受伤后倒地不起，骑士跳下白马，撕开她的后背，并挖出她的心脏丢给猎犬啃食。但远景中仍然是奔跑的裸体女子和策马追赶的骑士。此时的纳斯塔基奥意识到，他所看到的似乎是一种循环往复的幻境，这或许是一个诅咒。

在第三幅画面上，同样在这片松林中，一场户外的宴会正在举办，纳斯塔基奥和所有在场的人再次目睹了这如幽灵般的裸体女子被骑士追杀、被猎犬撕咬的场面，宴会上的人们都显得惊慌失措。

现藏于普奇宫的第四幅画描绘了纳斯塔基奥与爱人举办婚礼的场景。因为拒绝了纳斯塔基奥求爱的保罗·特拉瓦里（Paolo Traversari）的女儿，在图三中的宴会上目睹了裸体女子的悲剧后，担心自己遭到同样的命运和诅咒而同意了纳斯塔基奥的求婚。而在他们结婚后，拉文纳的所有女人都学会了对自己的爱人更加友善。

波提切利的这组作品具有强烈的叙事性，即使在同一个画面中也常常出现连续性的情节，展现出中世纪晚期古典绘画中连环画式的处理手法。高大挺拔的垂直树干与背景中的水平海景相呼应，形成了如网格般鲜明的纵深效果。波提切利对四组场景的戏剧化处理，综合了人物、动物、植物等多种要素，在寓言和现实之间形成了某种奇妙的结合。

《红衣主教的肖像》

Portrait of a Cardinal

作者 \ 拉斐尔
时间 \ 1510—1511 年
材料 \ 木板油画
尺寸 \ 79 厘米 × 61 厘米

这幅《红衣主教的肖像》是拉斐尔在罗马期间的创作，也是其绘画风格最成熟时期的杰作。拉斐尔于 1508 年抵达罗马，并在教皇尤利乌斯二世的任期内名噪一时。这一时期的他早已掌握了绘画中的现实主义表现技巧，能够“把人物画得比实际更加真实”。

画中穿着红色斗篷、头戴红色帽子的主教至今身份不明，曾有专家指出他可能是红衣主教方济各·阿利多西（Francesco Alidosi），因为他的形象在拉斐尔 1509—1510 年的作品《圣礼论辩》中曾出现过。这幅《红衣主教的肖像》是一张四分之三侧脸的半身肖像画，画面中的年轻主教大约 30 岁，他坐在深色背景中平静地看着观众，距离观众最近的左臂搭在看不见的扶手椅上，露出了红色斗篷下白色的衬衫。明亮的光线使帽子和斗篷的红色、袖子和脸的白色以及暗黑色的背景形成了鲜明的对比。拉斐尔对红衣主教的眼神、清晰的面部肌肉、照片般真实的空间等细节的刻画入木三分，而眼睛的表现尤其传神——眼球从眼窝中轻轻凸起，眼睑以一个细微的角度从湿润的瞳孔上垂下。主教的目光显得清澈而有穿透力。他抿起的双唇对应着屏神凝息的精神状态和冷静的理性，正如人道主义者本博（Bembo）的尖锐批评：“信仰对他来说没有任何意义，没有宗教，没有笃信，也没有羞耻感，他的身上没有任何神圣的东西。”

这幅画最初被西班牙的卡洛斯四世从罗马购得而进入西班牙的王室收藏，1818 年出现在阿兰胡埃斯宫（Royal Palace of Aranjuez）编目中，后被转藏至普拉多博物馆。

《26岁时的自画像》

Self-Portrait at 26

作者 \ 阿尔布雷特·丢勒
时间 \ 1498年
材料 \ 木板油画
尺寸 \ 52厘米×41厘米

丢勒在其《26岁时的自画像》上写道:“我就是这样画的。我26岁。”艺术家的言语与他的姿态都展现出绝对的自信。他站得笔直，微微侧身，将右臂撑在几乎要探出画面的窗台上。画家的身体填充了整个画面，他的帽子几乎要碰到画面的顶部，他的脸和脖子在室内的人造光线下闪闪发光，他长长的金色卷发被打理得柔顺而富有弹性。此时的丢勒已经与他早期自画像中的样貌不尽相同，他留起了一副得体的胡子，这在当时的年轻人中并不常见。九年后，丢勒还写了一首讽刺诗，称自己是“留着毛茸茸胡子的画家”。

苗条的艺术家身着华丽的服装，优雅的夹克镶着漂亮的黑边，内套一件白色的褶皱衬衫，衬衫的领口绣着金线编织的蕾丝。宽条纹的软帽与夹克的纹饰相配，左肩上斜搭着一件浅棕色的斗篷，双色线绳编织的斗篷系带横于颈下，手上还戴着一双质地柔软的皮手套。满头的卷发，无动于衷的表情，时尚昂贵的服饰，似乎都显示出丢勒是一位傲慢的纨绔贵族。

房间内有一个高高的拱门，部分地框住了丢勒的头部。画面更深处是一扇可以看到优美风景的窗户。窗外是树木环绕的湖泊，远处是白雪覆盖的山峦，这样的景观让人自然而然地想起画家三年前在阿尔卑斯山的旅程，也暗示着画家拥有的更开阔的艺术视野。他不是一位目光短浅的乡下画家或一个工匠，而是一位有着丰富阅历、可以改变时代的文艺复兴者。

这件作品最初被英国的查理一世买下，后被西班牙的腓力四世收入囊中，最终成为普拉多博物馆的经典藏品。

《亚当和夏娃》

Adam and Eve

作者 \ 阿尔布雷特 · 丢勒
时间 \ 1507 年
材料 \ 木板油画
尺寸 \ 209 厘米 × 81 厘米 / 幅

丢勒的《亚当和夏娃》是德国绘画史中第一件真正意义上的裸体作品，也是北方艺术中已知最早的真人等大的人体绘画。作品中，丢勒将对理想形体的追求表现得淋漓尽致。他在祭坛式的竖板上分别描绘了亚当和夏娃，人物形象顶天立地，几乎占据了竖板的全部面积，形成了两幅彼此独立且人体比例完美的男女裸体像。

此时的丢勒刚刚结束威尼斯之旅，他回到纽伦堡创作了这件作品。意大利艺术的深刻影响使他自觉地选择用柔和的色彩和理想化的光影来呈现人体，从而使亚当和夏娃的形象从黑暗的背景中凸显出来，栩栩如生。画面中，夏娃的皮肤比亚当的皮肤更白一些，她站在树旁，左脚放在右脚的后面，形成了以右脚为支撑点的 S 形站姿。夏娃的右手放在树枝上，树枝下方垂挂的木牌上写着：“阿尔布雷特 · 丢勒，圣母的后代，于 1507 年完成了这件作品。”夏娃的左手拿着树上的盘蛇交给她的红苹果，

她转向亚当的头部和飞扬的发梢儿，营造出运动中的平衡感。亚当的形象则与夏娃轻松的情绪和身姿不同，他半张着嘴，头发散乱，表情恍惚且惶恐，左手紧张地捏着一截挂着苹果的树枝。亚当明显的难堪和拘谨带着强烈的感染力，真实的人类情绪和性格让他们从中世纪的神坛走到了人间，也让他们从无垢的天国降于人世。

艺术家创作这件作品的主要目的并不在于对《圣经》故事的描绘，而在于表现完美的“人”，并试图通过一定的比例设定来描绘理想化的人体。这样的思考始于丢勒的意大利之旅，并贯穿他之后一生的创作。在丢勒的晚年，他还编撰了几本书来讲解自己的绘画理论，其中包括 1525 年出版的《测量手册》（*Underewysung der Messung*）和 1528 年去世后出版的《人类比例的四本书》（*Vier Bücher von menschlichen Proportion*）。

《穿越冥河》

—— *Crossing the River Styx* ——

作者 \ 约阿希姆·帕提尼尔
（Joachim Patenie，1480—1524 年）
时间 \ 1520—1524 年
材料 \ 木板油画
尺寸 \ 64 厘米 × 103 厘米

约阿希姆·帕提尼尔是一位佛兰德斯文艺复兴时期的历史和风景画家。他虽然是佛兰德斯人，但却活跃于低地国家当时的艺术中心安特卫普。帕提尼尔对西方艺术的重要贡献在于，他是最早将风景画作为一个独立画种进行创作的先驱，也是第一位将自己视作风景画家的佛兰德斯人。他发明了北方文艺复兴时期的全景式风景画风格，标志着风景画透视表现法发展的新阶段。

在《穿越冥河》这件作品中，风景是整个画面的主导元素，而画中的人物卡戎仅仅是前景中的点缀，抑或是为了满足历史绘画的需要而不得不添补上去的合理性因素。在古希腊神话中，卡戎是冥河上的摆渡人，负责将死者的亡魂摆渡过冥河。在古罗马诗人维吉尔的《埃涅阿斯纪》（*The Aeneid*）中，卡戎被描绘成一位手持长杆、两眼喷火的龌龊老头。但帕提尼尔在作品中却根据古老的文学描述将卡戎描绘成一个身材高大的半裸老人，而坐于船头的矮小裸体正是待渡的亡魂。在俯视的全景构图中，世界似乎在观众的眼前徐徐展开，画家运用自然主义的写实手法将对细节的观察与抒情的幻想结合了起来。河流的两岸是广阔的远景，左边是有天使的宁静天堂，右边是燃烧着毁灭之火的地狱，强烈的戏剧性效果增加了画面的趣味性。

在对风景绘画的早期尝试中，虽然帕提尼尔对空间透视的掌握还不甚完善，但他的配色方式却对后来的风景画家产生了影响。前景以褐色调为主，中景是蓝绿色，背景是淡蓝色，由此营造出景深逐渐后退的视觉效果。大面积的白色、棕色、绿色和蓝色交替使用，带有压迫感的云层、造型多变的嶙峋怪石以及繁杂丰富的自然景物共同烘托出厄运将至的危机气氛。

《酒神祭》

— *Bacchanal of the Andrians* —

作者 \ 提香·韦切利奥
时间 \ 1523—1526 年
材料 \ 布面油画
尺寸 \ 175 厘米 × 193 厘米

1516 年，提香受费拉雷斯（Ferrarese）的费拉拉公爵阿方索一世（Alfonso I d'Este）的委托，创作了一系列“酒神”主题的巨幅画作，这些作品也包括普拉多博物馆收藏的《维纳斯的崇拜》和《酒神节》以及伦敦国家美术馆收藏的《巴库斯与阿里阿德涅》。在这些作品中，提香将丰富的色彩与端庄优雅的风格相结合，发展出画家整个职业生涯中最经典的绘画样式，并在威尼斯弗拉里荣耀圣母教堂的《圣母升天》中达到极致。

这件《酒神祭》是“酒神”主题系列作品的最后一幅，提香再现了古希腊作家斐洛斯特拉图斯（Philostratus）所描述的他于公元 2 世纪在那不勒斯看到的一幅绘画——希腊安德罗斯岛（Andros）上的人们在酒神狄奥尼索斯（罗马名字为巴库斯）创造的葡萄酒河上的欢乐宴饮。通过富有想象力的视觉转化、灿烂的自然主义描绘和对绚丽色彩的运用，提香将他对古典文学的理解描绘成一场绝美的视觉盛宴。

画面中，酒神狄奥尼索斯即将抵达安德罗斯岛，视觉中心的远处正是他所乘坐的巨大白色帆船，而岛上酒神的这些追随者们已经醉得东倒西歪。岛上的河中流淌着葡萄酒，最香醇的佳酿被装在葡萄酒瓶中高高举过头顶。树林中的光影交错让人联想到放纵的情绪，但作品中没有对道德的谴责，却流溢着悲怆与宽容的气氛。酒神节的宴饮主题不仅反映了赞助人的享乐主义，也反映了费拉雷斯乡村的农业繁荣。画面右下角引人注目的裸体是醉酒的宁芙，提香以阿里阿德涅的古典雕像为原型创作了这个人物，展现出健康的女性美，也表现出当时的威尼斯人对自由和人文主义日益增长的兴趣。

《皇帝查理五世在米尔贝格》

Emperor Charles V at Mühlberg

作者＼提香·韦切利奥
时间＼1548 年
材料＼布面油画
尺寸＼332 厘米 ×279 厘米

提香的这件巨幅肖像画是为了纪念皇帝于 1547 年 4 月 24 在德国米尔贝格战役中战胜了新教势力，西方历史学家将这场战役称为“天主教打败异端新教”的重要一役。前景中，在皇帝查理五世的头盔装饰、腰带和马饰上，红色都占据着绝对的主导地位，这是 16 世纪和 17 世纪多次宗教战争中天主教的象征色。皇帝以轻骑兵的形象出现，左手拽着缰绳，右手持长矛，他的盔甲套装由当时最著名的盔甲设计师德西迪乌斯·赫尔穆施密德（Desiderius Helmschmid）于 1545 年左右制作，胸甲上有圣母和圣婴的图像。

当提香在奥格斯堡绘制这幅肖像时，查理五世正在为团结天主教徒和新教徒做最后的努力。在这样的背景下，赞助人并不希望画家将皇帝塑造成天主教的斗士或民众眼中傲慢的胜利者形象，而是希望提香可以把皇帝表现成一位能够统一不同国家和宗教的伟大君主。因此，这幅画中没有任何关于战争的信息，也完全放弃了描绘被战马践踏的战败者。可以说，在提香这幅最具戏剧性和纪念性的肖像画中，与其说表现了君主的骁勇善战，不如说宣扬了帝国的崇高理想。

皇帝查理五世在米尔贝格战役中击败了由新教王子组成的施马尔卡登联盟（Schmalkadic League），提香将获胜的皇帝描绘成了战胜异端的典型的基督教骑士，他手持长矛的形象常常被解释为现代的圣乔治或圣朗基努斯（Longinus）。除了对皇帝形象的出色塑造，提香还展示了他表现纹理和自然环境的完美技巧，例如傍晚阳光中盔甲上的迷人光泽，以及皇帝身后悠远如诗的风景。遗憾的是，这件具有开创性意义的杰作并没有在当时的西班牙宫廷获得应有的认可，直到 17 世纪初期，在鲁本斯等伟大画家的推崇下才最终赢得了它在宫廷艺术中的地位。

《丹娜伊》

Danaë with a Nurse

作者＼提香·韦切利奥
时间＼1560—1565 年
材料＼布面油画
尺寸＼129 厘米 ×180 厘米

提香为哈布斯堡王朝绘制了两幅带有明显情色意味的“神话寓言”——《丹娜伊》和《维纳斯与阿多尼斯》，这两件作品现都藏于普拉多博物馆。普拉多博物馆拥有提香的众多经典作品，自 16 世纪 20 年代开始，皇帝查理五世就成了提香最重要的赞助人，而后皇帝的儿子腓力二世也从父亲那里延续了与提香的合作关系。也正因为提香的缘故，皇帝们开始广泛地收藏威尼斯画派的作品。直到 17 世纪，当时西班牙宫廷的首席画家委拉斯贵支积极推进了王室对威尼斯画家作品的购藏。这一切都使得今天的普拉多博物馆拥有了最为卓越的威尼斯画派的藏品。

“丹娜伊”是提香极受欢迎的题材之一，因此提香和他的工作室就这一题材制作了至少六件作品，时间大约在 1544 年至 16 世纪 60 年代。这一题材来源于古希腊神话，后来的罗马诗人奥维德对它的叙述非常简短，而文艺复兴早期的薄伽丘则对它进行了更为详细的描述。

丹娜伊是古希腊城邦国家阿尔戈斯（Argos）的公主，有预言说她的长子最终将会杀死她的父亲，她也因此被软禁在一座青铜塔中，但她最终还是被宙斯幻化的金雨诱惑而怀孕。

腓力二世委托的这件作品是提香六件“丹娜伊”绘画中的第二个版本。在最初的构想中，画家将这件作品与《维纳斯与阿多尼斯》进行了配对，称之为“poesie”（诗歌），并在写给腓力二世的一封信中解释道，这两幅作品提供了对比鲜明的裸体维纳斯的正面与背面，从而使绘画能够与雕塑竞争。《丹娜伊》从正面展现了公主性感的身材，她双腿微张，以舒展的姿势躺在红色帷幔后铺满锦缎的软床上，与年老的女仆一起将目光投向了宙斯因燃烧的欲望而幻化的金雨上。提香对戏剧性时刻的捕捉和对绚丽色彩的运用，影响了他之后的众多艺术家，伦勃朗、安东尼·凡·戴克和古斯塔夫·克里姆特都曾创作过表现这一场景的作品。

158.

《基督为他的门徒洗脚》

– *Christ Washing the Feet of His Disciples* –

作者 \ 丁托列托
时间 \ 1548—1549 年
材料 \ 布面油画
尺寸 \ 210 厘米 × 533 厘米

丁托列托是意大利文艺复兴晚期的威尼斯画家，他以空前大胆的笔触和具有非凡能量的画面名震一时，被同时代人冠以“Il Furioso”（愤怒的人）的诨号。作为过渡时期的画家，丁托列托的作品中还呈现出介于文艺复兴与巴洛克风格之间的样式主义特征——人物突出的肌肉线条、夸张的手势和大胆的透视。

“基督为他的门徒洗脚”是丁托列托最喜欢的主题，他的现存作品中至少有六件与此有关。这一主题来自《约翰福音》第 13 章中的一段话，讲述了在最后的晚餐前基督为门徒洗脚的故事。对这段话进行视觉呈现需要众多复杂的人物形象，而各个人物的姿态以及动作的多样性都构成了对画家的挑战，也正是这样的难点深深地吸引了丁托列托。

这件《基督为他的门徒洗脚》是丁托列托受威尼斯圣马库拉教堂（Church of San Marcuola）的委托而创作的。当时教堂委托画家创作两件作品，另一件是《最后的晚餐》，至今仍挂在圣马库拉教堂中。

在这件作品中，基督和圣彼得位于图像的最右侧，这是一个不寻常的位置，因为基督通常都被放置在画面的中心。但这张画最初悬挂于教堂圣坛的右侧，这似乎又合理地解释了画家对基督位置的特别安排——观众从侧面观看以及门徒对耶稣的凝视，都强调了他的重要地位。画面的最左边是加略人犹大，他身着鲜红色的衣服，与画中的其他人物明显不同。其余的门徒聚集在画面中间的桌子周围，那里便是举行最后晚餐的地方。画面中，一位门徒努力为另一位门徒脱下长筒袜的情形增添了作品的趣味，画面深处的背景则展示了精美而奇妙的建筑。丁托列托非常善于在画面中展现出戏剧性的景观，色彩明亮而华丽，造型精确而扎实，空间和光线被描绘得清晰而静穆，从而在强烈的视觉纵深的引导下，将这种世俗的卑微转化成神圣的启示。

《加西亚·德·美第奇》

García de'Medici

作者 \ 阿尼奥洛·迪·科西莫，又名“布龙齐诺”（Agnolo di Cosimo，or Bronzino，1503—1572 年）
时间 \ 约 1550 年
材料 \ 布面油画
尺寸 \ 48 厘米 × 38 厘米

阿尼奥洛·迪·科西莫是来自佛罗伦萨的意大利样式主义画家，“布龙齐诺”是画家的绰号，可能是指他的皮肤相对黝黑或者他的头发微微发红。布龙齐诺一生都住在佛罗伦萨，他从 30 多岁开始担任托斯卡纳大公科西莫·德·美第奇的宫廷画家，主要职责是绘制美第奇家族众多成员的肖像。布龙齐诺深受佛罗伦萨第一代样式主义画家雅各布·达·蓬托尔莫的影响，但在老师优雅且略显修长的人物造型基础上，他表现出了更多的冷漠和做作，他的声名因 19 世纪末和 20 世纪初对样式主义的普遍批评而受到不利影响。但近几十年来，伴随着对样式主义的重新认识，人们又开始欣赏他这种独特的、缺乏强烈情绪的内敛风格。

这幅《加西亚·德·美第奇》的肖像画描绘的是科西莫·德·美第奇和埃莱奥诺拉·迪托莱多（Eleonora di Toledo）的第三个儿子，也是启蒙运动之前，艺术对表现儿童缺乏兴趣的一个极好例证，即儿童是没有童年可言的“小大人”。布龙齐诺忠实地描绘了这个孩子不具特色的相貌，但却使他呈现出一种与佛罗伦萨宫廷中的成年人相同的、带着距离感的冷漠神情。加西亚穿着华丽的金线刺绣的红色丝绸夹克，脖子和手腕上都装饰着华丽的珍珠。他的左手展示着昂贵的饰品——这是一种用来抵御“邪恶之眼诅咒”的护身符，由美人鱼和老鹰的造型组合而成，人鱼的身上还挂着一颗宝石。在那个时代，这类护身符常常在富裕的那不勒斯妇女的孕期使用，因此这件饰品也可能是加西亚的母亲埃莱奥诺拉送给儿子的礼物。孩子的另一只手上拿着一朵刚刚开放的橙花，象征着他的纯洁。孩子呆板的表情和姿态拒绝了任何可能与儿童式的天真相关的联想，因为年仅 3 岁的加西亚首先是托斯卡纳公爵的继承人。

《七宗罪》

The Seven Deadly Sins

作者 \ 耶罗尼米斯・博斯（Hieronymus Bosch，1450—1516 年）
时间 \ 1475—1485 年
材料 \ 木板油画
尺寸 \ 120 厘米 × 150 厘米

耶罗尼米斯・博斯是早期尼德兰画派中最著名的代表人物，他那极具个人特色的悲观幻想风格，展现出对人类欲望和内在原罪的深刻洞察力。《七宗罪》是博斯早期的作品之一，也是其最具特色和风格的作品。

在这件长方形的作品中，一系列的圆形图像划分了画面的空间。中心最大的圆形是上帝之眼，寓意基督注视着世界，罪孽会被看到。上帝之眼的中心是“瞳孔”，从中可以看到基督站在他的石棺中，围绕着基督的光环上是拉丁文铭文“Cave cave d[omi]n[u]s videt”（英文意为“Beware, Beware, The Lord Sees”；中文意为“当心，当心，上帝看见了”）。瞳孔的周围被分成七个空间，在这七个空间中出现

了七个场景，每个场景都描绘了七宗罪中的一宗，同时图像的下方还配有相应的铭文，整体画风体现出博斯最为擅长的活泼与梦幻的特点。从底部的“愤怒”开始，逆时针观看依次为：“愤怒”展现了打斗的场景；“傲慢”表现为女人面对镜子沾沾自喜；“欲望”里是帐篷中的情侣以及地上的各种乐器；“懒惰”是一名修女正试图唤醒熟睡的男人；“暴食”表现了餐桌旁的人正在狼吞虎咽；“贪婪”表现了正在接受贿赂的法官；“嫉妒”则描绘了佛兰德斯的一则谚语：“两只狗一根骨头，很难达成一致”。画面四个角落的圆形中描绘了中世纪晚期流行的灵修手册中提到的“最后四件事”，即生命的最后四个阶段：死亡之床、最后的审判、天堂和地狱。

飞在空中的手卷上写着《申命记》中第 32 章第 28 节和第 29 节的拉丁文语句。上方的手卷上写着“因为以色列民毫无计谋，心中没有聪明”，下方的手卷上写着“惟愿他们有智慧，能明白这事，肯思念他们的结局”。

Caue caue dns videt
Ira
superbia
luxuria

《人间乐园》

— *Triptych of Garden of Earthly Delights* —

作者 \ 耶罗尼米斯 · 博斯
时间 \ 1500—1505 年
材料 \ 木板油画
尺寸 \ 中间面板 220 厘米 × 195 厘米，两翼面板 220 厘米 × 97 厘米 / 面

《人间乐园》是博斯最负盛名的作品，也是有史以来最神秘的画作。几个世纪以来，其象征意义的复杂性引发了广泛的讨论，从对世俗欲望放纵的警告，到对生命诱惑的可怕警示，再到唤起终极性的快乐，对《人间乐园》的理解始终存在着分歧，也不断地吸引着大众对它保有持久的兴趣。

这组巨大的三联祭坛画闭合起来时，外表面的画作表现了诞生第三天的地球，它被包裹在一个透明的水晶球中，象征着人类世界的脆弱和短暂。打开后，祭坛画内部的每个画面都呈现出不同但又相互关联的主题。16 世纪初的三联画通常都是按从左到右的顺序观看的，但这件作品的左侧和右侧分别描绘伊甸园和最后的审判，核心的主题则放在了三联画的中间部分。

在展现伊甸园场景的左侧面板上，基督正在准备亚当和夏娃的婚礼，他将目光朝向了观众。画面上满是真实而神奇的生物：翠绿的草地、拟人化的岩石和奇异的山丘，以及湖中神奇的粉红色的生命之泉。祭坛画中间的面板上描绘了令人感官愉悦的梦幻景象：花园中挤满了不同种族的年轻男女，但没有孩子，也没有老人。亚当和夏娃的后代们正自由自在地嬉戏，一些人在亲吻或交谈，另一些人则在玩乐或品尝水果。因为缺乏清晰的焦点和明确的叙事情节，画中的人群呈现为分散聚集的场景。右边的面板则表现了地狱中被诅咒者的赎罪：地狱分为三层，最远处是燃烧的地狱之火，大火四起、浓烟滚滚；中间的画面描绘了一些在灰色的冰面上滑行的人，诡异的树人占据了视觉的中心，他贝壳般的躯干呈现为一个酒馆，人类与恶魔组成的情侣随着风笛的旋律在他的头上跳舞，树人则无动于衷地看着观众。绛红色调的前景中充斥着对七宗罪的惩罚。天国的乐器和审判的天平已经崩坏，守财奴将金币排泄到污池中，猎人们正被他的猎物猎杀……在这个颠倒的世界里，戴着多明我会修女头饰的多情的母猪，正试图引诱右下角的男子签署法律文件。

干草车

Triptych of Haywain

作者 \ 耶罗尼米斯·博斯
时间 \ 约 1515 年
材料 \ 木板油画
尺寸 \ 135 厘米 × 190 厘米

博斯的绘画通常是对宗教概念精彩的视觉叙述，他对地狱那些噩梦般场景的描绘尤其受到推崇。在博斯的一生中，他的作品在荷兰、奥地利和西班牙广泛流传并对 16 世纪的北方艺术产生了深远的影响，老彼得・勃鲁盖尔就是他最著名的追随者。

这件《干草车》延续了其《人间乐园》的叙事方式，祭坛画内部的左侧面板是天堂的景观，中间的面板讲述了绘画的主题“干草车”，右侧面板则是血腥黑暗的地狱场景。祭坛画闭合起来时，它的外表面表现了一位徒步的旅行者，这个瘦弱且衣衫褴褛的男人背负篮筐穿越险恶之地，与此同时，他正用棍子击退一只试图撕咬他脚踝的狗。这个人物可能象征了将邪恶的诱惑（如象征情欲的跳舞的牧羊人）和周遭的恶行置之度外，沿着自己的道路勇往直前的美德。

在祭坛画的内部表现天堂景观的左侧面板上，顶端是坐在宝座上的上帝，他正将反叛的天使逐出天堂，而天使们在冲破云层时变成了昆虫；中间的画面是上帝正用亚当的肋骨创造夏娃，再接下来是亚当和夏娃遇到了导致他们堕落的蛇和苹果树。在画面的下方是天使正将亚当和夏娃赶出伊甸园的场景，亚当试图与天使交谈，夏娃则摆出忧郁的姿势向左侧望去。中间面板的视觉中心是一辆巨大的干草车，它的周围是一群犯下各种罪的人，干草车上的天使正望着天空祈祷，而空中的云层里是俯视世界的基督——似乎只有天使看到了他，其他人都没有发现。整个干草车被恶魔拖拽着，带着所有的旅行者一起缓慢地走向地狱。这如一场生命的诅咒，从现有的罪恶逐渐走向必然的深渊。右侧的面板则是博斯那最受欢迎的、惊世骇俗的地狱场景。其实，《干草车》的典故来自于尼德兰地区的谚语：“世界是一辆载满干草的四轮车，人人从中取草，能捞多少就捞多少。”

Jheronimus bosch
483.

《死亡的胜利》

The Triumph of Death

作者 \ 老彼得 · 博鲁盖尔
时间 \ 约 1562 年
材料 \ 木板油画
尺寸 \ 117 厘米 × 162 厘米

老彼得·博鲁盖尔是 16 世纪尼德兰极伟大的画家之一，在他的这件《死亡的胜利》中，画家将从博斯绘画中继承的荒诞夸张的绘画语言发挥到了极致，并将代表北方木刻“死亡之舞”（Dance of death，法语为：Dance Macabre）的本土传统与意大利对“死亡的救赎”观念结合了起来，表达出对当时荷兰社会最犀利的讽刺：即使基督的复活和救赎也无法拯救这里的人们。

这幅画展现出世界末日的景象：骷髅大军在一片漆黑和荒凉的土地上肆虐，人类的抵抗都是徒劳的；树木与青草枯萎，地狱之火在山后熊熊燃烧；海中到处都是沉船，鱼躺在尸体堵塞的池塘岸边腐烂。正如艺术史学家詹姆斯·斯奈德（James Snyder）所说的那样，在这片“贫瘠的焦土之上，目之所及没有任何生命”。

成群结队的骷髅袭来，人们要么惊恐地逃跑，要么徒劳地反击。画面的左上角，世界的丧钟已经敲响。前景中，骷髅驾驶着装满头骨的马车，它的前方是被驱赶的人群，他们或被屠杀，或被成群地赶入棺材形状的牢笼。这些被屠杀和驱赶的人穿着不同的服饰，代表着农民、士兵、贵族、国王和红衣主教等不同阶层的人。一个穿红裙的妇女倒在马蹄之下，她手上的纺线即将被另一只手上的剪刀剪断——这是勃鲁盖尔对希腊神话中的命运女神阿特洛波斯（Atropos）的诠释。在她的附近，另一名伏地的妇女手里拿着纺锤和甩在地的纱线，饥饿的狗正啃食着她左手搂抱的孩子，这是勃鲁盖尔对克洛托（Clotho）和拉克西斯（Lachesis）的另一种图解，象征了人类生命的脆弱。在她旁边，戴红帽子的骷髅正拖着主教走向死亡。画面最左侧是垂死的国王，他装满金币的木桶已被骷髅抢劫，抓着他的骷髅左手举着的沙漏警告他生命即将结束。画面右下角的晚餐已经中断，食客们或四散奔逃或拼死一搏。最角落里的音乐家演奏着鲁特琴，他的妻子正在歌唱。在他们身后一起奏乐的骷髅暗示了这对夫妇无法逃脱的厄运。死神一旦降临，所有的人都将在他面前各归其位，无一幸免。

《伊萨贝拉·克拉拉·尤金妮亚公主与卡塔利娜·米凯拉公主》

Infantas Isabel Clara Eugenia and Catalina Micaela

作者 \ 阿隆索 · 桑切斯 · 科埃略
时间 \ 约 1575 年
材料 \ 布面油画
尺寸 \ 135 厘米 × 149 厘米

阿隆索·桑切斯·科埃略是西班牙和葡萄牙文艺复兴时期的伊比利亚画家，以肖像画闻名，尤其擅长将佛兰德斯艺术的理性传统与威尼斯绘画的感性特色相结合。作为西班牙国王腓力二世的宫廷画家，他为众多的西班牙王室成员绘制了肖像，也让今天的观众得以通过这些图像去了解腓力二世、国王的家人以及那个遥远的时代。

腓力二世的两个女儿伊莎贝拉·克拉拉·尤金妮亚（1566—1633 年）和卡塔利娜·米凯拉（1567—1597 年）从小就被画家阿隆索反复描绘。她们的肖像具有宫廷肖像画的典型特征，不仅反映了个人的特点和她们的王室背景，也反映了人物所处的社会和国家的特色。女孩们端庄却拒人千里之外的姿态一方面反映了她们作为国王女儿的身份，另一方面也体现出她们肩负的传递价值观的责任。

在这幅双人肖像中，两个女孩并排站在一个灰暗的空间中，左边女孩儿的身后有一张盖着绿布的写字台。女孩们的关系以非常直白的方式表现出来：相同的发饰、服装和相貌，这种并列的相似构成了镜像般的奇幻视觉效果。公主们的神情冷漠而严厉，中规中矩地保持着当时王室成员应有的姿态，以显示她们是国王的女儿而非普通的姐妹。年龄稍大的尤金妮亚左手拿着一个位于构图中心的花环，右手攥着一方手帕，神情坦然地看着观众；妹妹米凯拉的右手伸向姐姐的花环，左手摸着胸前的项链，看上去显得心事重重。

腓力二世非常喜欢他的第二任法国妻子瓦卢瓦的伊丽莎白（Elizabeth of Valois）所生的这两个女儿，但她们最终也成为了父亲处理继承权和政治联姻的工具。尤金妮亚后来嫁给了奥地利的阿尔伯特七世（Archduke Albert VII of Austria），米凯拉则成为萨伏伊公爵夫人（Duchess of Savoy）。她们为巩固腓力二世在荷兰和意大利北部地区的影响力做出了贡献。

《受胎告知》

The Annunciation

作者 \ 埃尔·格列柯
时间 \ 1597—1600 年
材料 \ 布面油画
尺寸 \ 315 厘米 × 174 厘米

1596 年，埃尔·格列柯受命为马德里的恩卡纳西翁学院（College of La Encarnación）的祭坛作画，这所神学院是由腓力二世的第四任妻子奥地利的安娜（Anna of Austria）资助建立的。为了完成这项宏大的工程，格列柯最终完成了七件作品。祭坛的底部是普拉多博物馆现藏的《受胎告知》，也是这七件作品中色彩最大胆的一件。它的左右两侧分别是《牧羊人的崇拜》和《基督的洗礼》，其余部分的画面还包括“基督的复活”和“五旬节”等主题。遗憾是，在 1810 年拿破仑占领西班牙期间，这座庞大的祭坛被完全地拆解，它宏大的整体样貌只能通过片段来推想了。

《受胎告知》的主题来自《路加福音》第一章第 26—38 节中的记述。从天而降的大天使加百列宣告玛利亚即将成为母亲，闪光中圣灵化身的鸽子正飞向圣母，它是基督道成肉身的象征。西奈山上曾出现于摩西面前的燃烧的灌木丛在圣母与天使的身后再次出现，它象征了玛利亚的童贞和圣洁。圣母右手边的书架上是她正在阅读的福音书，地上篮筐里的白布暗示了玛利亚正在缝制“圣殿的面纱”。在他们头顶上奏乐的天使见证了这个神圣的时刻。

格列柯在竖形的画面空间中绘制了激动人心的时刻，通过构图、拉长的形体和笔触强调了垂直的视线，并借助沐浴般的幽灵式光线，增强了人物和情景的超现实意味。画中人物的排列采用了夸张的透视关系，扭曲的光线、色彩、形体都展现出强烈的视觉张力。水晶蓝、深红和黄绿色的衣服在蓝灰色的虚空中颤动，强烈的白光从人物身上反射出来，似乎每一个人都是自己的光源。这是埃尔·格列柯在其艺术生涯的晚期高度个人化的完美典范——一种沉浸在“表现主义”情境中的、令人难忘的视角。

《寓言》

Allegory, Boy Lighting a Candle in the Company of an Ape and a Fool-Fábula

作者 \ 埃尔 · 格列柯
时间 \ 约 1580 年
材料 \ 布面油画
尺寸 \ 50 厘米 × 64 厘米

埃尔·格列柯是西班牙文艺复兴时期的希腊画家、雕塑家和建筑师，“El Greco”是他的昵称，意为“希腊人”。这位艺术家常常在作品上用希腊字 *Δομήνικος Θεοτοκόπουλος* 签名，还总是添加意为“克里特岛”的单词 *Κρήτη*。因为他出生在克里特岛，当时归属于后拜占庭艺术（Post-Byzantine art）中心的威尼斯共和国。

在接受了传统的绘画训练之后，26 岁的格列柯前往威尼斯深造，三年之后又移居罗马。在意大利期间，格列柯从丁托列托等当时伟大的艺术家那里汲取了样式主义和威尼斯文艺复兴时期的艺术养分。1577 年，他移居西班牙的托莱多，并在那里生活和工作直至去世。格列柯在托莱多创作了他一生中最为精彩和极具特色的作品，它们所表现出的戏剧性和“表现主义”风格都曾令他的同时代人感到困惑和震惊，他那最具代表性的拉长的形体和奇幻的色彩，对拜占庭的艺术传统和欧洲文艺复兴时期的绘画风格做出了最奇妙、最伟大的结合。

在这幅《寓言》中，强烈的光线和沉重的阴影在烛光的映衬下增强了男孩周围的神秘气氛，猴子和咧嘴笑的男人密切地注视着这刚刚点亮的火光。在当时的文化中，猴子常常象征罪恶，但这件作品中的猴子可能寓意艺术家模仿自然的能力，尤其是他对闪烁光效的表现技巧。咧着嘴笑的人可能代表愚蠢，而点燃的火光则暗示了激情的唤起。因此，这幅神秘而让人莫衷一是的作品可能传递了一种道德观念——对抗卑鄙和愚蠢的本能欲望。这种不断激发观者想象力与好奇心的特质，后来还成为莱内·马利亚·里尔克（Rainer Maria Rilke）、尼科斯·卡赞扎基斯（Nikos Kazantzakis）等诗人和作家的灵感来源。画家这种极具个性化的表达方式使他无法被归入任何传统的画派，从而成为艺术世界极为特立独行的艺术家之一。

《有野味、蔬菜和水果的静物》

Still-Life with Game, Vegetable and Fruit

作者 \ 胡安 · 桑切斯 · 科坦（Juan Sanchez Cotan，1560—1627 年）

时间 \ 1602 年

材料 \ 布面油画

尺寸 \ 68 厘米 × 89 厘米

胡安 · 桑切斯 · 科坦是一位西班牙巴洛克时代的画家，他的宗教画具有原始的敏感性与平和的节奏感，但科坦在艺术史上的崇高地位主要取决于他在静物画方面的成就，他那带有超然平静感的自然主义静物画，与同时代浮夸炫目的佛兰德斯和意大利静物画截然不同。作为西班牙绘画黄金时代初期的画家，他几乎确立了一种独特的西班牙静物画——“bodegón”（食物静物画）的典范，开创了西班牙静物画强调精神性特质的先河。

在这幅《有野味、蔬菜和水果的静物》中，科坦描绘了食品储藏室里的蔬菜和野禽，这些日常的蔬果野味有的挂在高低错落的细绳上（这是 17 世纪防止食物和蔬菜腐烂的常用方法），有的平放或斜靠在窗户上。在阳光的照耀下，几何体式的食物从暗黑色的背景中凸显出来，看上去明亮而逼真。这种被刻意强调的雕塑般的立体感，是 17 世纪的其他画家力不能及的。强烈的视觉形式常常使这些物象摆脱了它们作为食物的本质，伴随着富有节奏感的有趣排列，呈现出富于神秘感的艺术气息。正如著名的美术史学家诺曼 · 布列逊（Norman Bryson）谈到的那样，桑切斯 · 科坦的静物画是有秩序的图像，那些本应与用餐的快乐相关联的物象已经超越了食物本身，这些水果和蔬菜被排列成优美的芭蕾舞式构图，画家对它们的兴趣呈现出对数学形式的关注。

此外，在整个画面中，除了悬挂蔬菜和水果的绳子，科坦几乎没有描绘任何的人工制品，而这似乎是作为卡尔特教派（Carthusian）修士的画家刻意为之的，因为虔诚的科坦要凸显上帝的神工，而非凡间的创造。对食物的精确刻画是对大自然的赞美，是对上帝造物的冥想。

Jůsanchezcotan.f.
1602

《大卫和歌利亚》

David and Goliath

作者 \ 米开朗基罗·梅里西·达·卡拉瓦乔
时间 \ 约 1600 年
材料 \ 布面油画
尺寸 \ 110 厘米 × 91 厘米

米开朗基罗·梅里西·达·卡拉瓦乔是一位具有传奇色彩的意大利画家，在其短暂的一生中，他的大部分时间都活跃于罗马。卡拉瓦乔后来因为街头的寻衅滋事而被判流放，在生命的最后四年辗转于那不勒斯、马耳他和西西里岛，并最终死于流放途中。艺术评论家认为他的绘画综合了现实主义的创作方法（对人的身体和情感的观察与表现）与戏剧性的光影运用，对巴洛克艺术的形成产生了重要的影响。

"大卫和歌利亚"是卡拉瓦乔艺术生涯后期反复创作的绘画主题。与文艺复兴早期以来的理解相同，大卫被描绘成了一位不依靠个人力量而凭借性格和信念取胜的青年。大卫倾斜的姿势以令人钦佩的绘画技巧表现出来并构建起平衡的画面，也完美地展现了这位未来的以色列国王的手段与智慧。卡拉瓦乔用近镜头聚焦的方式表现了大卫抓起歌利亚头发的瞬间，使看画的观众获得了身临其境的感受。在深邃厚重的背景衬托下，明亮光柱下的大卫敏捷的身手和歌利亚的头颅成为了目光凝聚的焦点。这种戏剧性的明暗对比是卡拉瓦乔绘画中的典型手法，后来被统称为"Tenebrism"（暗调主义）。在卡拉瓦乔的暗调主义中，暴力斗争、酷刑和死亡常常是他表现的主题，也是整个事件中最高潮的时刻。

生性不羁的画家还常常在创作时与现场的模特愉快互动，兴之所至还会临时调整原稿，因此他的画面中总有一些即兴的痕迹或迅疾的笔触。卡拉瓦乔独创的绘画方式对后世影响很大，在彼得·保罗·鲁本斯、胡塞佩·德·里贝拉、伦勃朗等著名画家的作品中都可以看到他直接或间接的影响，而这些深受其影响的艺术家也通常被称为"Caravaggisti"（卡拉瓦乔主义者）或"Tenebrists"（暗调主义者）。

《墨勒阿革洛斯与阿塔兰忒》

Meleager and Atalanta

作者 \ 雅各布·约丹斯
时间 \ 1620—1623 年
材料 \ 布面油画
尺寸 \ 152.3 厘米 × 240.5 厘米

雅各布·约丹斯是继彼得·保罗·鲁本斯和安东尼·凡·戴克之后佛兰德斯最伟大的巴洛克画家，他以历史画、风俗画和肖像画闻名。《墨勒阿革洛斯与阿塔兰忒》这件神话题材作品的内容来自古罗马诗人奥维德的《变形记》，这是对 17 世纪的佛兰德斯艺术家影响极大的古代神话文本之一。

根据奥维德的说法，国王俄纽斯（Oeneus）在全国大丰收后向所有的神献祭，却唯独忘记了狩猎女神阿耳忒弥斯，愤怒的阿耳忒弥斯派出一头巨大的野猪来踩踏国王的田地作为惩罚。俄纽斯的儿子墨勒阿革洛斯是一位经验丰富的猎人，他召集了所有希腊英雄来一起铲除祸害，这其中就包括传奇女猎手阿塔兰忒。在这场惊险的狩猎中，阿塔兰忒率先打伤了野猪，也让其他猎手趁势将其成功猎杀。倾心于阿塔兰忒的美貌和英勇的墨勒阿革洛斯，直接宣布勇士的桂冠属于阿塔兰忒，这引起了其他猎人的抱怨和嫉妒，感觉被冒犯的墨勒阿革洛斯的叔叔们直接从阿塔兰忒的手中夺走了奖杯。这样的行为激怒了墨勒阿革洛斯，他与自己的叔叔们战斗并杀死了他们，而墨勒阿革洛斯的行为也激怒了他的母亲阿尔泰亚（Althaea）。她在艰难的思想斗争后，燃尽了象征儿子生命的木头，致使墨勒阿革洛斯在回家的途中心脏骤停而死。

约丹斯在这件作品中描绘了故事最高潮的时刻，画面右边的墨勒阿革洛斯的叔叔们已经从阿塔兰忒的手中抢走了奖杯。前景中丰腴的阿塔兰忒展现出出于恐惧的温柔姿态，她伸出的右手和渴望的神情正试图阻止墨勒阿革洛斯复仇的怒火。画面左侧是一组相对年轻的猎人，他们的眼神、武器、前倾的身姿和扬起的手臂以及猎犬的动向，都将观众的目光引向了画面右侧最精彩的时刻。

《阿特米西亚》或《荷罗芬尼斯宴会上的朱迪斯》

Artemisia, Judith at the Banquet of Holofernes

作者 \ 伦勃朗 · 哈尔曼松 · 凡 · 莱因
时间 \ 1634 年
材料 \ 布面油画
尺寸 \ 142 厘米 × 152 厘米

1633 年至 1635 年间，伦勃朗创作了一系列古代神话和《旧约》中的女神或女英雄的作品，《阿特米西亚》就是其中的一件。有趣的是，这些伟大女性的形象都基于同一位女性模特——伦勃朗的妻子萨斯基亚 · 凡 · 优伦堡（Saskia van Uylenburgh），这也从侧面印证了伦勃朗第一段短暂却浪漫美满的婚姻。

画中的主角阿特米西亚是小亚细亚卡里亚地区（Caria）总督毛索洛斯（Mausolos）的妻子。公元前 353 年，她在丈夫毛索洛斯去世后继承了王位，并在哈利卡那苏斯为他建起一座宏大的陵墓。此后的阿特米西亚每日饮用混合了毛索洛斯骨灰的混合液，试图使自己变成一座活着的、会呼吸的坟墓。在文艺复兴时期的绘画中，这位贞洁之妇常常被表现为手持高脚杯的高贵女性。在这幅画中，跪在地上的女仆小心翼翼地送上盛着骨灰混合液的鹦鹉螺高脚杯。衣着华丽的阿特米西亚坐在深色背景中，她那长长的连衣裙绣满了图案，丝绸质地的浅色罩袍上镶着金边和盘扣，宽大的貂皮领子上缀着红宝石和蓝宝石，戴着的珍珠手链、双链项链和耳环闪闪发光。阿特米西亚披散着蓬松的金发，坐在仅露出扶手的紫蓝色天鹅绒椅上，旁边是铺着红色锦缎的桌子，上面放着一本打开的书。伦勃朗用小而紧凑的笔触塑造了人物的面部、手部以及精美的高脚杯，用宽阔的大笔触铺染了其余的部分，对不同材质和纹理细节的刻画展现出荷兰绘画特有的精湛技艺。

20 世纪初的修复使这件作品曾经暗淡的背景中清晰地显现出一位老妇人。她戴着白帽，前伸的双手提着半开的布袋，上面还挂着一根绳子。老女仆形象的出现为这件作品的阐释提供了新的角度，或许这件作品所画的是朱迪斯正在荷罗芬尼斯的宴会上。从历史的角度来看，荷兰人争取独立的解放斗争与希伯来人寻求自我认同的努力可以合理地解释这件作品，而朱迪斯恰恰是《圣经》中能体现荷兰人反抗西班牙统治的爱国女性之一。

Rembrant
f.: 1634

“五种感知”系列作品

Five Senses

视觉（The Sense of Sight）
听觉（The Sense of Hearing）
嗅觉（The Sense of Smell）
味觉（The Sense of Taste）
触觉（The Sense of Touch）

作者 \ 老扬·博鲁盖尔（Jan the Elder Brueghel，约 1568—1625 年）与彼得·保罗·鲁本斯
时间 \ 1618 年
材料 \ 木板油画
尺寸 \ 五件作品尺寸均为 64 厘米 × 111 厘米

这套关于五种感知（视觉、听觉、嗅觉、味觉、触觉）的系列作品是彼得·保罗·鲁本斯和老扬·勃鲁盖尔尤为成功的合作之一。鲁本斯在其中负责他最擅长的构图与人物，老扬·勃鲁盖尔则负责绘制他最拿手的景物，生动而富有活力的人物与宏伟细腻的宫廷场景相结合，创造出了极其精彩的艺术效果和视觉张力。

视觉：自亚里士多德时代以来，眼睛被认为是最重要的感官。在这里，丘比特向维纳斯展示了一幅关于“治愈盲人”的基督教主题绘画。在这个神迹中，基督恢复了盲人的视力，也由这个故事暗示了这件绘画的主题——身体上的视觉和精神上的觉知。画中地球仪的后面是拉斐尔的名作《圣塞西莉亚》的复制品，它的旁边是一些古罗马的半身像，让人联想起灵魂的内省，一种精神上的觉醒。此时的扬·博鲁盖尔是奥地利的阿尔伯特和他的西班牙妻子伊莎贝拉·克拉拉·尤金妮亚的宫廷画师，因此画家将这对夫妇的双人肖像画置于画面左侧的桌子上，

而后面拱门外的风景是他们在玛丽蒙特的宫殿外观。

听觉：画面的中心是维纳斯在弹奏七弦琴，丘比特在她的身旁伴唱。丘比特身后的雄鹿代表听觉，维纳斯与丘比特的音乐非常动听，甚至连雄鹿也躺下来沉浸其中。舞台式的前景中有各种乐器和一些乐谱，房间的墙壁上挂着各种与音乐相关的绘画，如左上角的《缪斯的音乐会》、右上角的《俄耳甫斯用音乐驯服野兽》等，这些画作也再次强调了听觉的象征意义。这件作品通过描绘各种与音乐相关的事物表现了对听觉的唤醒。

嗅觉：维纳斯和丘比特的身影出现在天堂般繁花盛开的花园中，这里有百合、玫瑰、蜀葵和郁金香等等，五彩缤纷的花园暗示了佛兰德斯人对花卉的热爱。来自西班牙的伊莎贝拉·克拉拉·尤金妮亚同样热爱自然，她下令种植了大量的花卉和果树，以慰藉自己的思乡之情。在这繁花似锦的庭院中，花香掩盖了蜷缩在维纳斯身旁的果子狸的异味，就连嗅觉灵敏的狗都没能发现它。

味觉：在这幅着力于表现“品味”的画作中，美轮美奂的宫殿和廊柱后花繁叶茂的风景在博鲁盖尔的笔下熠熠生辉，他最擅长表现这种奢华的室内场景和丰饶的田园风光。画面的近景中堆放着鱼、水果和丰富的猎物，而位于视觉中心的豪华桌面上则摆满了天鹅、孔雀馅饼、牡蛎、小龙虾、各色水果和粘满糖果的甜点，象征味觉的萨提尔正替桌边的女人斟满她那巨大的酒杯。

触觉：画面的左侧是金属铸造的各类铠甲和武器，一群正在打铁的铁匠在远处的断壁残垣下忙碌，似乎正是他们制造了这些武器。同时，这群铁匠也是锻造之神伏尔甘的视觉隐喻。在“兵器冢”的右侧，维纳斯和丘比特正在亲吻，寓意人们可以通过身体的接触来表达爱，而爱能够战胜暴力和血腥。

DI PIETRO PHILIPPI
INGLESE
ORGANISTA DELLI SERENISS
PRINCIPI ALBERTO ET
ISABELLA ARCHIDUCHI
D'AUSTRIA &c
DE MADRIGALI A SEI VOCI

1359

《美惠三女神》

The Three Graces

作者＼彼得·保罗·鲁本斯
时间＼1630—1635 年
材料＼木板油画
尺寸＼221 厘米 × 181 厘米

"美惠三女神"是鲁本斯钟爱的古典题材，自 1620 年以来，他曾多次描绘这一主题。这幅《美惠三女神》来自这位佛兰德斯大师艺术创作的晚期阶段，他在作品中完美地展示出自己对人体色调的非凡掌控。鲁本斯使用了红色、黄色和蓝色这三种原色来塑造女神的肌肤，其中蓝色的比例非常高。通过这种方式，女性的形象与世界和整个宇宙的外观具有了相同的基调，也与所有聚集在这里的景观，如花卉、天空和树木保持了内在的和谐。

尽管美惠女神是次要的神灵，但在这幅出色的作品中，鲁本斯付出了最大的努力。三位女神互相拥抱，围成了象征生命循环的圆圈。她们的姿态暗示着运动，似乎在轻柔地跳舞。阳光透过茂密树木洒在女神的身上，她们的身下是一直延伸到远处蓝天的、阳光明媚的田野。这世间的丰饶似乎都来自画面右侧喷泉的浇灌，喷泉中流出的液体是对世界的祝福，搂着它的是一个孩子。树枝上挂着盛开的白色和红色玫瑰的花环，美好的景象与女神的裸体一样甜美。

有趣的是，画中左边的女神很像鲁本斯的第二任妻子海伦娜·福尔门特（Helena Fourment）。鲁本斯于 1630 年 12 月与海伦娜结婚，当时的海伦娜只有 16 岁，而鲁本斯已经 53 岁。从那时起，鲁本斯对海伦娜投入了他生命最后阶段的所有热情，他那炙热的爱意在大师晚年众多的画作中得到佐证。这件作品的创作日期比婚礼晚一些，但它的主题在古典传统中却是与爱情、婚礼和生育紧密联系的。从赫西俄德（Hesiod）的《神谱》开始，美惠三女神就常常陪伴着维纳斯，她们不但增加了爱神的力量和生育力，而且还是魅力、欢乐和宴飨的化身。可以说，这是馈赠自己的一件奇妙礼物，是鲁本斯对个人晚年生活和世界的拟人化修辞。这件作品大师终身未曾出售，一直留在身边直至去世。

《恩迪米恩·波特和安东尼·凡·戴克》

Sir Endymion Porter and the Artist

作者＼安东尼·凡·戴克
时间＼约 1635 年
材料＼布面油画
尺寸＼110 厘米 × 114 厘米

安东尼·凡·戴克是 17 世纪安特卫普的巴洛克艺术家。他曾在当时最重要的画家彼得·保罗·鲁本斯的工作室学习和工作，后前往伦敦担任了英格兰查理一世的宫廷画家。与同时代西班牙的委拉斯贵支一样，凡·戴克还是当时最才华横溢的宫廷肖像画家，他以描绘贵族肖像而闻名并影响了其后一百五十年的英国肖像画艺术，开创了轻松优雅的英式肖像画风格。鉴于凡·戴克在英国绘画史上取得的杰出成就，查理一世向他授予了爵士头衔。去世后，凡·戴克被安葬于圣保罗大教堂。

画面左侧的恩迪米恩·波特爵士（1587—1649 年）是凡·戴克最重要的庇护人和朋友，他曾担任白金汉公爵的秘书和英国宫廷的重要外交官。作为一名伟大的艺术爱好者，他负责为查理一世国王收集和购藏各类艺术作品。在这幅双人肖像画中，画家正面表现了这位英王查理一世最喜爱的朝臣——他是一名贵族，穿着精致的白色缎面华服。而恃才自傲的画家凡·戴克则罕见地表现出谦逊的姿态，他身穿不起眼的黑色衣服，在恩迪米恩·波特身边显得身材矮小，由此衬托出这位重要的支持者和朋友的显赫地位。恩迪米恩·波特与凡·戴克一同将左手放在前方石头上的姿态象征了他们之间的友谊，也从视觉上强调了画家和他的赞助人之间的深厚感情。此外，凡·戴克还通过将自己描绘成贵族的方式，试图引起人们对他崇高社会地位的关注，并间接地将自己的艺术活动提升为一种高尚的行为。这件作品原本属于恩迪米恩·波特的个人收藏，直到 1745 年才出现在西班牙国王腓力五世的第二任妻子伊莎贝尔·法尔内塞（Isabel Farnesio）的收藏中，后成为普拉多博物馆的藏品。

《有罗马高脚杯、银杯和面包卷的静物》

– *Still Life with Roemer, Silver Tazza and Bread Roll* –

作者 \ 彼得 · 克莱兹
时间 \ 1637 年
材料 \ 布面油画
尺寸 \ 83 厘米 × 66 厘米

彼得·克莱兹是一位来自哈勒姆市的荷兰黄金时代的静物艺术家，他以独树一帜的“早餐静物”而闻名，尤其在表现由贵金属或玻璃制成的酒杯等器皿时，展现出了非凡的绘画技巧和高雅的品位。

在这件静物画中，光线从画面外左上方的窗户投射进来，在不同质感、不同纹理的物体和食物的表面轻柔地滑动，时而反射出闪闪的光亮，这些明亮的光线既照亮了这些物品，也塑造了它们的质感。窗户的形状在装着白葡萄酒的罗马高脚杯上映照出来，桌面上铺着一块绿色的短绒布，而不是那个时期流行的白色餐巾或桌布。克莱兹使用了绿色、灰棕色和银色来绘制桌面上的各种食物和豪华的器皿，柠檬和面包的黄色和白色是其中最亮眼的色调，也与以绿色和灰棕色为主的环境色调形成了有节奏的对比。在一面没有任何装饰的墙壁前，一张构图不全的桌子上，罗马高脚杯、银杯和食物的组合是此类静物画中最常见的主角，不对称的构图显然经过了画家仔细谨慎的安排，这些被小心翼翼排列的物品呈现出特有的平衡关系。

在 17 世纪的荷兰，静物画发展成一个独立且极为重要的绘画门类。此后，它的题材变得越来越丰富，其中的一些甚至还带有道德化的倾向，代表了对生活及享乐的反思。克莱兹是当时极具代表性的表现餐桌和食物的静物画家之一，他的作品常常给人一种永恒的感觉，其作品中克制的构图和精选的对象也在向观众们表明，我们应该时时保持谨慎，应该对食物的消费、对个人欲望的放纵适当控制。

《阿塔兰忒与希波墨涅斯》

Atalanta and Hippomenes

作者 \ 圭多 · 雷尼（Guido Reni，1575—1642 年）
时间 \ 1618—1619 年
材料 \ 布面油画
尺寸 \ 206 厘米 × 297 厘米

圭多·雷尼是巴洛克时代的意大利古典主义画家，他主要绘制宗教、神话和寓言题材的作品，活跃于罗马、那不勒斯和他的家乡博洛尼亚，并在卡拉奇之后成为博洛尼亚画派（Bolognese School）的领导人物。

油画《阿塔兰忒与希波墨涅斯》的主题来自奥维德的《变形记》，讲述了阿卡迪亚（Arcadia）国王舍尼乌斯（Schoeneus）的女儿阿塔兰忒的故事。阿塔兰忒是一名极具运动天赋且拥有众多追求者的女猎手，为了从追求者中选出自己的丈夫，她提议与他们比赛跑步，胜利者可以迎娶她而失败者则将被处以死刑。在希波墨涅斯出现之前，阿塔兰忒在很长一段时间内都立于不败之地。为了帮助希波墨涅斯取得胜利，维纳斯给了他三个金苹果，并告诉他当阿塔兰忒要超过他时，就扔掉一个金苹果以分散阿塔兰忒的注意力。最终，希波墨涅斯赢得了比赛。关于这个主题，圭多 · 雷尼一共画了两件作品，另一件藏于那不勒斯的卡波迪蒙特（Capodimonte）博物馆。

圭多 · 雷尼在作品中展现了故事最精彩的时刻，希波墨涅斯已经扔掉了苹果，而阿塔兰忒正弯腰去捡。受到意大利文艺复兴时期绘画观念的影响，年轻的男女几乎全裸，他们身上的飘带暗示了急速的运动，修长的身材和并不夸张的强健肌肉呈现出最理想与最完美的人体。这件作品结合了罗马和博洛尼亚的古典画派对理想而优雅的人体比例的经典诠释。这幅画最初属于塞拉侯爵（Marquis of Serra），1664 年由佩纳兰达伯爵（Count of Peñaranda）为国王腓力四世购藏，后成为普拉多博物馆的经典藏品。

《圣保拉登船》

Embarkation of St Paula

作者 \ 克洛德 · 洛兰（Claude Lorrain，1604—1682 年）
时间 \ 约 1639 年
材料 \ 布面油画
尺寸 \ 211 厘米 × 145 厘米

克洛德 · 洛兰是巴洛克时代的法国画家，但他一生的大部分时间都在意大利度过，是最早专注于风景画的重要艺术家之一。洛兰在他的风景画中创造了完美的理想景观，并常常将其中的建筑、风景、气候以及来自《圣经》或古代神话中的人物置于和谐的、金色的古典氛围中。

这件典型的洛兰风格的作品是画家受西班牙国王腓力四世的委托而制作的，原本用于布恩雷蒂罗宫（Buen Retiro Palace）的装饰。这一时期的洛兰也是意大利首屈一指的景观设计师，是当时收费最高的大师。这张风景画尺幅很大，画面中充满了数量众多的古典时代的人物。圣保拉的登船被戏剧化地表现为一个隆重的场面，因为她的远行是一次英勇的冒险，一个有尊严的行为，是子孙后代的光荣榜样。

圣保拉，也被称为罗马的保拉，她是公元 4 世纪的罗马圣人，来自当时被称为阿伽门农后裔的、最富有的参议员家族，后嫁给了一名贵族并育有四个女儿和一个儿子。圣保拉在 32 岁时丧偶，随着时间的推移对宗教产生了浓厚的兴趣，最终她决定放弃世俗的生活而隐居沙漠，在祈祷和忏悔的苦行中度日。公元 385 年，圣保拉带着儿子尤斯塔斯（Eustace）离开罗马，搬到了土耳其的古城安条克（Antioch），在那里她与圣杰罗姆一起创建了一座男性修道院和一座女性修道院，以及一家朝圣者旅馆，圣保拉担任女修道院的院长。洛兰的这件作品描绘了她的离去，也展现出画家对古罗马奥斯蒂亚港的想象。这里是高度发达的港口，远景的天空金光灿烂，画面宽阔的前景被圣徒和送别的人群占据，左右两侧是宏伟的古代建筑物。古典主义的审美趣味和追求在这里得到了最完美的展现——对古典式庄严的复兴以及为大自然赋予崇高和永恒的意味。

《有建筑的风景》

Landscape with Buildings

作者 \ 尼古拉斯 · 普桑
时间 \ 1648—1651 年
材料 \ 布面油画
尺寸 \ 120 厘米 × 187 厘米

尼古拉斯 · 普桑是巴洛克时代的法国画家，一生大部分的时间都在罗马工作与生活。作为当时最伟大的古典画家，他曾短暂地返回巴黎担任路易十三的首席宫廷画家。出于对繁重的工作和宫廷阴谋的不满，一年多后他便永久地返回了罗马。在普桑的晚年，艺术家在作品中越来越突出风景的比重，并青睐对线条而不是色彩的表现，因此清晰的构图逻辑和视觉秩序成为其作品的主要特征。这幅《有建筑的风景》就是普桑绘画晚期的代表作。

《有建筑的风景》表现了理想化的风景，视野的中心是宁静山谷中的平静湖泊，湖边有几匹白马和一些年轻人，缓坡上是古代的建筑物，远处的地平线被葱郁的树木和蓝色笼罩的山脉所包围。前景中有三个人，穿蓝衣的男子背对着观众，他似乎正在与深色皮肤的赤膊男人交谈，他们分别举起的、方向相反的手暗示出讨论的激烈，络腮胡男人的身后是表情迷惑的青年。这位手持长棍、棕色皮肤的男人可能是玩世不恭的哲学家西诺佩的第欧根尼（Diogenes），他通常只穿着粗糙的斗篷，把世上一切的享受都视作身外之物。他和年轻陪伴者的形象在普桑创作于 1647 年的《有第欧根尼的风景》（现藏卢浮宫）中也曾出现过。画家似乎努力将朴素的自然主义景观与这位犬儒主义哲学家对文明的反抗、对自然的最终回归进行对照，采用寓意和曲折的古典主义手法去表达其艺术的积极意义。

普桑对后世的影响很大，如果说法兰西民族绘画形成于 17 世纪，那么普桑就可以被称为“法兰西绘画之父”。两个世纪后，他仍然是雅克 - 路易 · 大卫、安格尔和保罗 · 塞尚等艺术家最重要的灵感来源。这幅画曾被列在 1746 年国王腓力五世在圣伊尔德丰索宫（La Granja de San Ildefonso）的收藏目录中，后转为公共收藏。

《盲人音乐家》

Blind Musician

作者 \ 乔治 · 德 · 拉 · 图尔
时间 \ 约 1640—1645 年
材料 \ 布面油画
尺寸 \ 84 厘米 × 61 厘米

乔治 · 德 · 拉 · 图尔是一位法国画家，他的大部分职业生涯都在洛林公国度过（洛林公国于1641年至1648年间暂时归属于法国）。拉 · 图尔具有非常独特的个人风格，在他最负盛名的宗教绘画中，主要通过烛光来表现戏剧性的明暗关系，也因此被称为“烛光画家”。此外，他还是一位在商业上非常成功的画家，虽然生性刚直，却能在艺术领域名噪一时，甚至于 1639 年在巴黎获得了贵族头衔。在他的职业生涯晚期，拉 · 图尔被任命为路易十三的官方画家。

拉 · 图尔的作品受到了意大利北部卡拉瓦乔主义的影响，但展现出更温和的自然主义倾向。在这幅《盲人音乐家》中，拉 · 图尔使用了明暗对比和几何构图的简单形式，呈现出优雅的气息。画中老人的面部呈正侧面，他双眼微闭，似乎在倾听自己的音乐。如果不是因为作品的名字，观众应该很难发现他是一位盲人。或许是由于长期在街头演奏，老人的皮肤变得黝黑，额头上满是皱纹，看上去饱经风霜。艺术家似乎花费了大量的精力来刻画乐器的质感，这把带着岁月痕迹的木质手摇风琴被老人紧紧地抱在怀中。这一时期的拉 · 图尔创作了一系列孤独而沉默的男性老者，他们要么是圣人，要么是乞丐，要么是流浪汉，这些沉浸在自我世界中的无名老者往往带着不安的情绪，也让观众不自觉地陷入对人生的感怀与反思之中，这幅《盲人音乐家》便是其中的经典。

《利奥波德·威廉大公在他的画廊里》

Archduke Leopold Wilhelm in his Gallery

作者 \ 小大卫 · 特尼尔斯（David the Younger Teniers，1610—1690 年）
时间 \ 1647—1651 年
材料 \ 铜板油画
尺寸 \ 106 厘米 × 129 厘米

小大卫·特尼尔斯是巴洛克时代的一位佛兰德斯画家。多才多艺的他不仅是一位专业的油画家，还擅长版画、微型绘画和艺术策展。在艺术大师鲁本斯和安东尼·凡·戴克于 17 世纪 40 年代初相继去世后，他创建了安特卫普学院以致力于佛兰德斯艺术的复兴，并成为当时佛兰德斯画派的领军人物。与此同时，作为哈布斯堡王朝的宫廷画家，他还担任了佛兰德斯总督利奥波德·威廉大公的收藏馆的馆长，制作了大公的藏品目录。这件《利奥波德·威廉大公在他的画廊里》正体现了画家作为大公收藏馆馆长的职责之一，它向所有观众展示了大公收藏的丰富和品位、赞助人的开明和仁慈，以及画家本人作为宫廷艺术家的自豪。

画面上，在开阔明亮的室内，头戴高帽、身材瘦高的大公利奥波德·威廉站在最显眼的地方，他正向观众展示其丰富的收藏。从地面到最高的墙面上挂满了大公青睐的作品，其中大部分来自威尼斯画派的画家，提香的作品几乎占了一半并被挂在最显眼的位置。例如，画面正上方尺寸最大的作品就是提香的《狄安娜与卡利斯托》，右上角相对较小的作品是提香最钟爱的题材《丹娜伊》。其他可清晰辨认作品的画家还包括威尼斯画派的乔尔乔内（他那著名的《三位哲学家》位于画廊最右侧的中部）、安东内洛·德·梅西纳、帕尔马·韦基奥、丁托列托和委罗内塞。威尼斯画派以外，还有意大利画家巴萨诺和贝尔纳多·斯特罗齐、德国画家霍尔拜因，以及当时最负盛名的鲁本斯。画面的前景中，由加尼米德（Ganymede）撑起的桌子上是雕塑家弗朗索瓦·杜克斯诺伊的作品。桌子后方挽起袖口、手拿目录的人正是画家特尼尔斯，他正紧张地看向自己的赞助人。这件作品完成后不久，就被利奥波德·威廉大公赠送给了西班牙国王腓力四世，后成为普拉多博物馆的收藏。

《上帝的羔羊》

Agnus Dei

作者 \ 弗朗西斯科·德·苏巴朗
时间 \ 1635—1640 年
材料 \ 布面油画
尺寸 \ 38 厘米 × 62 厘米

弗朗西斯科·德·苏巴朗是 17 世纪的一位西班牙画家，他以宗教画和静物画闻名。此外，苏巴朗还因擅长使用明暗对比法而获得了“西班牙的卡拉瓦乔”的绰号，但他的风格比卡拉瓦乔更加内敛和朴素。通过更加精准的描绘，苏巴朗使画中的物象在没有任何装饰的黑暗背景中产生了非凡的神圣效果，表现出严酷和禁欲的虔诚气息。

“*Agnus Dei*”是一个拉丁名词，意为“上帝的羔羊”。在传统的基督教仪式中，它是特定的祈祷名词，最初源于《约翰福音》第 1 章第 29 节：“施洗者约翰在看到耶稣后宣告：‘看哪，上帝的羔羊，除去世人的罪孽！’”关于羔羊的寓意，还在众多的《圣经》文本中被反复阐释。在《创世纪》第 22 章中，如被捆绑的羊羔状的以撒预示了耶稣基督的福音，虔诚的老父亲亚伯拉罕在回答独子的疑问“作燔祭的羔羊在哪里”时说：“我儿，上帝自己会提供作燔祭的羔羊。”最终，替代以撒牺牲的是一只被困在灌木丛中的公羊。在《圣经·旧约》的《诗篇》中，上帝被描绘为带领羊群（人类）的牧羊人。而作为视觉主题，羔羊自中世纪以来常常被描绘成站立的、有光环的样子，它的前腿拿着一面带红十字的白色三角旗。

在苏巴朗的这件作品中，上帝的羔羊被还原为一只最真实的、似乎可触摸的羔羊，它被捆绑在背景昏暗的祭台上，没有任何挣扎，顺从的身体语言和平静如水的眼神都传递出牺牲和怜悯的人格化特征。显然，这里的羔羊也明确地指向了基督牺牲自己来拯救世人的事实，宣导了基督徒须尽一生的努力做成祭坛上的羔羊的教义。精湛的笔触、卷曲蓬松的羊毛质感、构图与精神的一致性，都使其成为西班牙巴洛克时代风格最优雅、最质朴的杰作。

《有容器的静物》

Still Life with Vessels

作者 \ 弗朗西斯科 · 德 · 苏巴朗
时间 \ 约 1650 年
材料 \ 布面油画
尺寸 \ 46 厘米 × 84 厘米

弗朗西斯科 · 德 · 苏巴朗的静物作品总是呈现出严肃的宗教秩序和冷静的虔诚，宛如传递教义的祭坛画。这些“祭坛上”的物体常常是清晰且色彩醒目，在剧场式的背景中展现出比实物更宏大的庄严感。

在这幅《有容器的静物》中，苏巴朗描绘了木桌上不同材质、形状和用途的容器。从左到右依次是：一个锡制盘子，上面放着一个工艺复杂精致的镀金银制高脚杯；一个来自特里亚纳的水壶；一个来自印度的红色花瓶（也可能来自新西班牙总督府墨西哥的托纳拉）；最后，还有一个来自特里亚纳的白色水壶，放在另一个锡盘上。光线是这件

作品的另一个主角，它将这些容器从黑暗的阴影中提亮，凸显出它们的颜色和体积，也为这幅画带来了最重要的气质——静默。

苏巴朗的这件作品常常被认为是西班牙黄金时代静物画的原型之一，他对几何形态的提炼、对本质的追求、对永恒性的塑造，都激发了评论家、学者和诗人们的灵感。在同时代的静物画作品中，时间的内涵常常用鲜花的荣枯或食物的腐败来隐喻，有时也用头骨来宣说生死的奥义和人类不可避免的命运，有时甚至直接用时钟来提醒万物顺时而变的时间本质。而在苏巴朗的这件静物作品中，唯有光和影涉及了时间——它们暂停了时间。与此同时，相比于意大利和佛兰德斯静物画的奢华和感性、荷兰静物画的华丽内容以及法国静物画的装饰性，苏巴朗的作品还表现出西班牙静物画特有的精简修辞和对本质的追求。这位不紧不慢的伊比利亚人通过精妙的计算，一笔一笔地画出每一个细节。这也解释了为什么这些物体的排列并非绝对整齐，而是稍微偏离了它们的自然轴；为什么某些物体没有投射的阴影，而且透视并不科学；为什么某些物体呈现出强烈的独立存在感。这都不是巧合，是为了体现光的作用而创作出的更可信、更有力的视觉真实。

《德谟克利特》或《阿基米德》

Democritus（Archimedes）

作者＼胡塞佩·德·里贝拉
时间＼1630 年
材料＼布面油画
尺寸＼125 厘米 × 81 厘米

里贝拉是 17 世纪西班牙的画家，他与弗朗西斯科·德·苏巴朗、巴托洛梅·埃斯特班·穆里罗和迭戈·委拉斯贵支一起，被视为西班牙巴洛克时代最重要的艺术家。在里贝拉现存的作品中，有近一半是关于劳动者和乞丐的半身肖像，这些穿着破烂的人常常扮成哲学家、圣人、使徒和寓言中的人物形象，在光线柔和的褐黄色调中表现出现实主义的艺术特征。

这幅名为《德谟克利特》或《阿基米德》的作品，是里贝拉所谓“衣衫褴褛的哲学家”系列创作中最著名的一件。里贝拉于 17 世纪 10 年代中期开始了这个系列的创作，并塑造了这一主题的经典，对 17 世纪的意大利画家萨尔瓦多·罗莎和卢卡·焦尔达诺产生了巨大的影响。这里描绘的哲学家最初被认为是古代西西里的数学家阿基米德，因为他的右手拿着指南针，左手捏着一叠有几何图的稿纸。然而，在 1962 年发表的一篇关于古代哲学家肖像的学术文章中，德尔芬·菲兹·达比（Delphine Fitz Darby）提出，里贝拉所画的这个男人应该被认定为德谟克利特，因为他的笑容显得格外突出，他正在嘲笑人类的愚蠢行为。无论是阿基米德，还是德谟克利特，里贝拉都将学者的形象描绘成了一位没有牙齿的、干瘪的西班牙老人。他那饱经风霜、满是皱纹的脸上没有学者那种大理石般的白皙，他干瘦的双手拿着象征学术和思考的工具，指甲很脏，蓬头垢面，一件破旧的斗篷不经意地搭在肩头，露出胸膛。他正咧嘴笑着看向我们，亲切得如同日常生活中的落魄老者。这个形象中没有不朽的尊严，只有坚强的人格。

《雅各的梦》

Jacob's Dream

作者 \ 胡塞佩 · 德 · 里贝拉
时间 \ 1639 年
材料 \ 布面油画
尺寸 \ 179 厘米 × 233 厘米

《雅各的梦》的主题来自《圣经》第 1 卷《创世纪》第 28 章的故事：骗取了哥哥以扫的长子名分和祝福的雅各，为了躲避哥哥的追杀，羞愧难当地逃往母亲的故乡哈兰。夜幕降临，他露宿荒野，枕在一块平坦的石头上和衣而卧。入睡后的雅各梦见了一架金光闪闪的天梯，它拔地而起，直插云霄。神的使者在这天梯上上上下下，传送着上帝的旨意。正当雅各惊奇地注视着眼前的景象时，他看到了天梯上的耶和华。"我就是亚伯拉罕和你父亲以撒的上帝"，他对雅各说，"我也将是你的上帝。你身边所有的土地，我将赐予你和你的后裔。你的子孙将会发展成强大的民族，我将通过他们祝福整个世界。切莫胆怯，我将与你同在，无论你走到哪里，我都会眷顾你。"雅各惊醒了，他满心惊异。

里贝拉的这件作品非常有趣，因为它明显地回避了对雅各梦中景象的具象化，例如那闪耀的天梯和繁忙的天使等。相反，雅各那个被祝福和应许的梦，只是借助他头部上方天空中的金色幻影加以暗示。雅各沉睡时的面部表情呈现出虔诚、谨慎和忧虑的复杂情绪，里贝拉传神地将《圣经》中雅各此时的状态表现了出来：负罪的雅各在父亲的要求下要找一位哈兰的女子为妻，而上帝又在梦中赐福于他，把他躺着的地方赐给了他并要他的后裔多如大地之尘。如此重大的责任使雅各诚惶诚恐，而里贝拉正表现了雅各当下最矛盾的心态。在不安而神秘的气氛中，里贝拉将罗马古典风格的严谨转化为自然主义的抒情。

《着衣的尤金妮·马丁内斯·巴列霍》与《裸体的尤金妮·马丁内斯·巴列霍》

Eugenia Martínez Vallejo, Clothed, — Eugenia Martínez Vallejo, Unclothed —

作者 \ 胡安·卡雷尼奥·德·米兰达（Juan Carreño de Miranda，1614—1685 年）
时间 \ 约 1680 年
材料 \ 布面油画
尺寸 \ 尺寸均为 165 厘米 × 108 厘米

在 16 世纪的西班牙宫廷中，贵族们对自然世界的奇特事物非常迷恋，尤其对精神或身体异常的人抱有浓厚的兴趣，这样的热潮整整持续了一个世纪。这些异于常人的可怜人常常受雇于权贵，成为他们取乐的工具，也经常作为贵族的私有“财产”而出现在画家的笔下。例如，1653 年的《蒙特雷伯爵藏品清单》（*Count of Monterrey's collection inventory*）中就曾提及里贝拉的一幅此类作品。胡安·卡雷尼奥·德·米兰达于 1671 年被任命为西班牙宫廷画家，他的《着衣的 / 裸体的尤金妮·马丁内斯·巴列霍》的肖像绘画正是这一宫廷风尚的典型例证。

画中的女孩尤金妮·马丁内斯·巴列霍只有 6 岁，她被称为“怪物”，于 1680 年被带到了马德里。此时她的体重接近 70 千克，远超同龄人的正常值。她的与众不同在马德里引起了巨大的轰动，也引得观者如潮。据推测，尤金妮的肥胖是库欣症或肾上腺功能亢进等导致的激素紊乱的结果。在无法用医学来合理解释的时代，肥胖的尤金妮引发了三篇描述她的短文出版，其中一篇提及了画作的起源：国王，我们的主人，命令她穿上得体的宫廷款式的礼服，那是一条由红白相间的锦缎和银色纽扣制成的华服。著名的画家胡安·卡雷尼奥·德·米兰达为她创作了两幅不同的肖像，一幅是穿衣服的，另一幅是裸体的。显然，在热烈的关注下，米兰达的这两件作品在当时取得了巨大的成功。奢华的猩红长裙清晰地衬托出她独特的身形；裸体的肖像更是直接暴露了她的肥胖，尤金妮的头上和手中都是葡萄，与无法分辨性别的身体一起构成了酒神巴库斯的形象，自然、神话和技巧在这组肖像画中交汇。米兰达的作品后来还成为弗朗西斯科·德·戈雅著名的《穿衣 / 裸体的玛哈》的灵感之源。

时代在变，裸体肖像和礼仪的观念也在发生变化。这种对畸形的表现在今天看来是非常残酷的，像自然标本一样对小女孩进行展示在当下的文化中更是难以接受。这种作为奇观的绘画在 19 世纪时发生了根本的改变。1827 年，尤金妮的这组肖像画在普拉多宫殿内的皇家狩猎小屋中被发现，但博物馆最终决定只展出穿衣服的版本，因为裸体的版本被认为是对个人的冒犯。出于这个原因，费尔南多七世最终决定将它赠送给画家胡安·加维兹。1939 年，画家后代的慷慨捐赠才使这两件作品再次重聚。

《酒神的胜利》

- *The Triumph of Bacchus, or the Drinkers* -

作者 \ 迭戈・委拉斯贵支（Diego rodriguez de silva Velazquez，1599—1660 年）
时间 \ 1628—1629 年
材料 \ 布面油画
尺寸 \ 165 厘米 × 225 厘米

1629 年 7 月，迭戈・委拉斯贵支收到了一份付款文件，文件显示了画家曾根据国王腓力四世的要求，绘制了一幅关于酒神巴库斯的作品，即这件《酒神的胜利》，也由此确定了这幅画的赞助人和大致的创作时间。当时的画家刚刚结束了对意大利的访问，他在那里见到了同时代最著名的画家鲁本斯，还掌握了表现复杂宗教场景的丰富经验。同时，这也是委拉斯贵支对神话寓言题材的首次尝试，其朴素的表达方式让人想起画家早年在塞维利亚的生活。画中的巴库斯还是艺术家作品中的第一位男性裸体，这在当时保守的西班牙并不多见。这些情况都使得《酒神的胜利》成为艺术家职业生涯中的一个转折点，一个新的开始。

裸体的巴库斯是整幅画中最明亮的形象，他主宰了构图。巴库斯的右手旁是举着高脚水晶杯的半人羊萨提尔，他暗示了神话和自然的世界。酒神的左手边是一位持碗的乞丐和四个披着深棕色斗篷、饱经风霜但气色鲜活的男人，他们构成了可信的日常和现实。巴库斯面前的年轻人正跪着接受加冕。这幅画常常被解读为酒的寓言，因为酒不仅能够让人振奋，还会诱导出非理性的状态并激发诗歌的创作。这也许就是为什么巴库斯戴在年轻人头上的王冠不是像他那样的葡萄叶，而是传统上与诗人相关的常春藤。同时，萨提尔的视线和巴库斯手的动向，都展示了诗歌的由来——从神秘的未知世界走向可触摸的现实。

这幅独一无二的作品引发的思考还不止于此，腓力四世对这幅画钟爱有加并将它挂在了其夏季的卧室中。当时的西班牙宫廷经常让剧院里的低等喜剧演员喝得酩酊大醉，以取悦女士们，似乎这是一件非常有趣的事。但在日常的习俗中，醉酒是一种可鄙的恶习，“酒鬼”（borracho）一词更是最严厉的斥责。但看向画外的农民们显然发现了他们的观众，也就是国王。因此，这件作品是对皇宫夏季游乐的记录还是对酗酒行为的警示，仍然是未解的谜题。

《伏尔甘的铁匠铺》

The Forge of Vulcan

作者 \ 迭戈 · 委拉斯贵支
时间 \ 1630 年
材料 \ 布面油画
尺寸 \ 223 厘米 × 290 厘米

阿波罗的身影突然出现在了铁匠铺中，他身穿橙色的长袍，戴着月桂花环，头顶上散发着光芒，位于画面的最左边。阿波罗向离他最近的铁匠伏尔甘告密：伏尔甘美丽的妻子维纳斯，与战神马尔斯正在进行一场浪漫的幽会。伏尔甘的姿态显示了他的跛脚，其他人也因为阿波罗的突然到来而放下了手中的工作，对这个消息感到震惊。从技术、构图和空间来看，这幅《伏尔甘的铁匠铺》是委拉斯贵支一生中极具野心和特色的作品之一。

这个故事来自奥维德的《变形记》，其最初的目的是说教，赋予阿波罗永恒的真理守护者的角色。突然出现在铁匠铺的阿波罗，他头顶的光照亮了黑暗的世界。但在这幅大型绘画的表现中，委拉斯贵支选择了直接的图像叙事，而非探讨道德或宗教的问题。它是如此的吸引人，带着浓厚的风俗轶事的欢乐感。整个事件围绕着一条令人惊讶的消息，在信息传递的过程中生动地展现出所有人的反应。画家运用卓越的绘画技能，通过对人物身体（面部表情和手的姿态）的完美描绘，成功地抓住了众人流露情绪的瞬间。当然，这种叙事的结构也暗示了当时流行的观念——思想的世界优于机械劳动，因为阿波罗带来的文字具有影响人类情感和行为的力量。

1629 年的意大利之行，让委拉斯贵支得以充分地研究古典的雕塑和米开朗基罗绘画中关于情感刻画的技巧。从画面中这些半裸的、互动自然的人物，色调统一且层次分明的人体都可以明显地看到大师受到了 16 世纪意大利绘画的影响：大面积的土色让人联想到卡拉瓦乔；而富有活力的笔法和阿波罗身上充满光感的橘红色长袍则表明了委拉斯贵支对威尼斯画派色彩的推崇，尤其是对提香和丁托列托的青睐。

《布列达的投降》

The Surrender of Breda
(Las Lanzas)

作者 \ 迭戈·委拉斯贵支
时间 \ 约 1635 年
材料 \ 布面油画
尺寸 \ 307 厘米 × 367 cm

《布列达的投降》是西班牙黄金时代极伟大的画家委拉斯贵支极好的作品之一。委拉斯贵支曾与出生于热那亚的西班牙将军安布罗吉奥·斯皮诺拉（Ambrogio Spinola）一起访问意大利，后者于 1625 年 6 月 5 日征服了荷兰南部城市布列达。这件作品的灵感即来源于此，描绘了荷兰人将象征布列达城主权的钥匙交给西班牙人的情景。

1624 年，为反抗西班牙腓力四世的统治，十七个省（包括今天的荷兰、比利时和卢森堡）发起了反抗，委拉斯贵支所表现的布列达围城战正是这场战争的尾声。画面的背景中是硝烟四起的战争场面，天空中弥漫着毁灭与死亡的气息。前景是交战的双方，左侧的人数较少，是丢盔弃甲的战败的荷兰人；右侧是获胜的西班牙人，他们看上去兵强马壮，密林般的直立长矛构成了画面的支柱，一方面营造了战争停火之后的平静气氛，同时也进一步强化了胜负双方的不同形象。

1630 年，为了装饰马德里东部城市的布恩雷蒂罗离宫的国王厅，西班牙国王腓力四世委托艺术家创作一幅颂扬西班牙人军事成就的作品。当时的西班牙正处于经济衰退期，急需一系列鼓舞士气的绘画作品。除了这幅画，国王还定制了另外十九件相关主题的创作，并最终将这二十件作品一同展出于国王厅。《布列达的投降》显然是其中最重要、最真实的一幅，并理所当然地成为国王厅中的明星展品。

《宫娥》

Las Meninas

作者 \ 迭戈・委拉斯贵支
时间 \ 1656 年
材料 \ 布面油画
尺寸 \ 320.5 厘米 × 281.5 厘米

《宫娥》是委拉斯贵支一生中最杰出的作品，也是他尺幅最大的作品。这件视觉真实但结构复杂的绘画不仅呈现出生活的现实感，同时也编织了一个密集而复杂的意义网络。

这幅画是画家于 1656 年在西班牙国王腓力四世的马德里皇宫寝宫中绘制的，画中的房间真实地再现了当时的状况。委拉斯贵支描绘了处于视觉中心的玛格丽塔（Margarita，1651—1673 年）公主和她身边的宫廷仆人，她们是公主的侍女玛丽亚・阿古斯蒂娜・萨米恩托（María Agustina Sarmiento）和伊莎贝尔・德・贝拉斯科（Isabel de Velasco），以及女侏儒马里・巴尔博拉（Mari Bárbola）和玩伴尼古拉斯・佩图萨托（Nicolasito Pertusato），淘气的佩图萨托正在用脚去逗弄近景中的獒犬；他们身后的阴影中是面容模糊的修女马塞拉・德・乌洛阿（Marcela de Ulloa）和警卫，后门的台阶上是侍从何塞・涅托（José Nieto）；镜子中反射出的是玛格丽塔的父母腓力四世和奥地利的玛丽安娜（Mariana of Austria），他们正看着房间中的这一幕。委拉斯贵支本人则拿着画笔和调色板站在高高的画布前，这位艺术家似乎从画布前稍稍后退了一步，停下来向画面外张望，他显然是为了再次观察绘画对象。与此同时，画家从画中向外投射的目光，潜在地将观众变成了绘画的参与者——观众处在了国王夫妇的位置上，而这个位置上的对象也似乎瞬间吸引了大家的目光。

《宫娥》捕捉了一个瞬间，是一幅设定了特定地点的群体肖像画。在这个真实可信的空间中，委拉斯贵支成功地实现了对动态的再现和多重空间的组合，也带来了持续的讨论和多样的阐释。是国王夫妇的突然到来终止了公主玛格丽塔的玩闹，并瞬间吸引了大家的注意？还是公主的到来打破了画室的宁静？而公主当时的王室地位也赋予了整幅画以政治色彩。画家后墙上悬挂的众多画作，以及镜子和多个空间的并置，都让观众不断地反思他或她在绘画中的角色、视觉再现的规律、绘画与现实之间的界限等众多问题。

《纺织女工》或《阿拉克涅的寓言》

The Fable of Arachne

作者 \ 迭戈 · 委拉斯贵支
时间 \ 1655—1660 年
材料 \ 布面油画
尺寸 \ 220 厘米 × 289 厘米

罗马诗人奥维德在《变形记》的第 6 卷中讲述了女神雅典娜和凡人女子阿拉克涅之间的神话故事。根据奥维德的说法，阿拉克涅住在盛产华丽纺织品的古国吕底亚（Lydia），她是那里有史以来最优秀的纺织女工。因为擅长编织，阿拉克涅变得傲慢而自大，声称自己的能力堪比女神雅典娜。作为纺织工的守护神，雅典娜立刻注意到了阿拉克涅，并前往吕底亚与这位自大的女人对峙——她们将通过制作一幅挂毯的比赛来一决胜负。雅典娜在她的织锦上编织了预示人类命运的图像，阿拉克涅的织锦则讲述了神灵的爱。阿拉克涅技艺高超，她的作品与女神的作品不相上下，被愤怒冲昏头脑的雅典娜失控地将阿拉克涅变成了一只蜘蛛。

在这幅作品中，委拉斯贵支展示了两个截然不同的、平行的现实空间。前景中的日常场景描绘了一个有家具的朴素房间，几名女工正在工作。从上方照射进来的阳光提点出前景中复杂丰富的颜色。左侧年长的妇人摇着纺车，回头看向拉开红色幕帘的年轻女子，坐在画面右侧穿蓝色裙子的女人正在盘纱线。委拉斯贵支以出色的技巧捕捉到了女工们劳动的瞬间，纺车的嗡嗡声与光线中颜色的变化混合在一起，传递出工作的如火如荼，这个画面可能反映了当时马德里的圣伊丽莎白皇家挂毯厂的场景。背景中是第二个空间，这是一个两级台阶上的阳光明媚的房间，几位衣着优雅的女士站在那里。左边戴着古式头盔、扬起手臂的女人是雅典娜，她到底是站在这个房间中的真人还是后墙挂毯上的绣像？这似乎并不明确。年轻的阿拉克涅站在她的对面，做出亵渎女神的举动，因为她编织的挂毯（挂在墙上）展示了一则关于神的荒诞爱情——宙斯变成的公牛诱拐了欧罗巴。挂毯中的形象是委拉斯贵支对提香那著名的《劫掠欧罗巴》的借鉴，也由此表达了他对这位威尼斯大师的敬意。在这里，委拉斯贵支再次娴熟地运用了如《宫娥》中的“画中画”技巧，将历史中的绘画图像、关于编织的神话和织工的日常生活并置在一起。背景房间中站在右侧那个回头凝视的女人似乎在问：“你明白了吗？”

《好牧人》

The Good Shepherd

作者 \ 巴托洛梅 · 埃斯特班 · 穆里罗
时间 \ 约 1660 年
材料 \ 布面油画
时间 \ 123 厘米 × 101.7 厘米

巴托洛梅 · 埃斯特班 · 穆里罗是西班牙著名的画家之一，尽管他以其宗教画闻名，但也创作了相当数量以妇女和儿童为主题的绘画。那些卖花女、街头顽童、乞丐和牧羊人的肖像画都生动地记录了他那个时代的日常生活。

在这幅甜美的《好牧人》中，穆里罗展现了他刻画儿童形象的出色能力。同时作为一位有史以来伟大的、对宗教充满虔诚的艺术家之一，他在自己晚年的这件作品中也展现出了最温柔恭敬的宗教情感。这件儿童题材的经典作品奠定了穆里罗在 17 世纪的辉煌声誉，但也因为表现得过于甜美和乖巧，在古典主义衰落的 20 世纪被鄙夷为旧时代的遗物。

好牧人的形象最早出现在基督教被确定为正统宗教之前。在罗马时期的地下墓穴中，好牧人是最常见的、象征基督的形象。313 年基督教被合法化，在之后的几个世纪中，好牧人图像仍被继续使用。大约到 5 世纪时，好牧人的形象增加了光环和华丽的长袍，有时候也会被表现为肩膀上扛着一只羊的样子。穆里罗作品中的好牧人则是根据斯特凡诺 · 德拉 · 贝拉的版画创作的。

在一片带有古典建筑废墟的风景中，处于孩童时期的耶稣照料着一只羔羊，他身后的废墟暗示了异教的失败。穆里罗在这幅作品中结合了两个主题，这样的做法非常符合西班牙的天主教信仰。以孩子形象示人的耶稣吸引了观众的注意并带动了大家的情绪，而他手中牧羊人的拐杖和身边的羔羊则暗示了《约翰福音》第 10 章第 11—16 节中所描述的好牧人——他了解自己的羊群，就像了解他的父亲一样，并甘愿为羊群献出生命。这正如耶稣基督对罪人的怜悯之爱，为了信徒而祭献自己。

《圣灵感孕》

The Immaculate Conception

作者 \ 乔凡尼·巴蒂斯塔·提埃波罗（Giovanni Battista Tiepolo，1696—1770 年）
时间 \ 1767—1769 年
材料 \ 布面油画
时间 \ 279 厘米 × 152 厘米

乔凡尼·巴蒂斯塔·提埃波罗是来自威尼斯共和国的意大利画家，以甜美绚烂的洛可可风格被认为是 18 世纪威尼斯画派最重要的代表，他也是欧洲最伟大的装饰画家和能工巧匠。提埃波罗去世后，严苛的新古典主义兴起，并导致他的盛名与洛可可风格一起渐渐被人遗忘。但随着历史的变迁，他的伟大声誉又再次回归并始终在意大利美术史中占有重要的一席之地。

1767 年 3 月，西班牙国王卡洛斯三世委托提埃波罗为阿兰胡埃斯皇家庄园正在建设中的圣帕斯卡尔教堂（Church of Saint Pascual）创作七幅祭坛画，这幅《圣灵感孕》就是其中之一。

这件作品整体上呈现出一种令人敬畏的、充满视觉张力的金色气氛，被天使环绕的圣母玛利亚脚踩地球仪出现在气势恢宏的空中，她双手合十呈祈祷状，头戴星环，象征圣灵的鸽子出现在星环的上方。前景中的棕榈树是玛利亚战胜邪恶的象征，她踩在脚下的蛇代表着原罪。镜子代表她的完美无瑕，她自己就是所有美德的镜子。圣母脚后的新月象征她是《约翰福音》中的天启之女，也是贞洁的化身。百合花和玫瑰寓意“封闭的花园”（hortus conclusus），这是一个艺术想象中的、被庇护的乐园，也再次象征了玛利亚的爱、童贞和纯洁。18 世纪时，“圣母无原罪”论已经成为艺术创作中的一个普遍主题，也于 1708 年恢复成为天主教的节日。

提埃波罗的这幅祭坛画在教堂安装后不久便被转移到毗邻的修道院。取而代之的是安东·拉斐尔·门斯的一套主题相同的画作，因为他的新古典主义风格更符合卡洛斯三世的喜好。最后，这幅《圣灵感孕》于 1827 年被转移到普拉多博物馆。

《卡洛斯四世一家》

The Family of Carlos IV

作者 \ 弗朗西斯科·何塞·德·戈雅—卢西恩特斯（Francisco José de Goya y Lucientes，1746—1828 年）
时间 \ 1800 年
材料 \ 布面油画
时间 \ 280 厘米 × 336 厘米

这件表现国王卡洛斯四世家族的集体肖像画是戈雅被任命为首席宫廷画家后不久创作的，它清晰地展示了艺术家在表现人物性格方面的技巧。

群像的中心是卡洛斯四世国王和他的妻子玛丽亚·路易莎·德·帕尔马（María Luisa de Parma，1751—1818 年），他们的中间是穿红衣服的小王子弗朗西斯科·德·保拉（Francisco de Paula，1794—1865 年），王后的右手边是小公主玛丽亚·伊莎贝尔（María Isabel，1789—1848 年）。画面左侧的中心人物是穿蓝色衣服的、未来的费尔南多七世，他身后是穿红衣服的卡洛斯·马利亚·德·伊西德罗（Carlos María de Isidro，1788—1855 年），他是西班牙王位的第二继承人，此外还有国王的姐姐玛丽亚·约瑟法（María Josefa，1744—1801 年），以及一名身份不明的年轻女子。卡洛斯国王的身后依次是他的弟弟安东尼奥·帕斯卡尔（Antonio Pascual，1755—1817 年）、只有一个侧脸的葡萄牙女王卡洛塔·华金娜（Carlota Joaquina，1775—1830 年）以及国王最年长的女儿玛丽亚·路易莎（María Luisa，1782—1824 年），她正抱着儿子卡洛斯·路易斯（Carlos Luis，1799—1883 年），她的旁边一席红衣的魁梧男人是她的丈夫，即伊特鲁里亚王国未来的国王路易斯·德·波旁（Luis de Bourbon）。

戈雅精心刻画了这些最重要的王室成员，他们穿戴着当时最流行的精致服装和华贵的珠宝。王室的男性成员们身上斜挎着缀有卡洛斯三世勋章（sashs of the Order of Carlos III）的蓝白相间的大绶带，并佩戴了金羊毛勋章（Golden Fleece）和玛丽亚·路易莎王后勋章（Order of María Luisa）。清晰而复杂的细节、和谐的构图显示出艺术家精湛的技艺，人物微妙的身姿和神情也展现出画家对这些王室成员性格特征的深刻分析以及对他们身份地位的充分认知。

戈雅显然对同样以王室成员为主题的群像《宫娥》非常熟悉，他像委拉斯贵支一样，把自己放在了背景阴影中的画架旁，但他对自己的描绘比委拉斯贵支更正式一些：他的目光直视着观众，仿佛在镜子里观察着整个场景。1800 年，戈雅先后四次前往首都马德里郊外的阿兰胡埃斯宫，为王室画了十幅集体肖像，这是其中最精彩的一幅。

《裸体的玛哈》，《着衣的玛哈》

The Nude Maja（*La Maja Desnuda*），*The Clothed Maja*（*La Maja Vestida*）

作者 \ 弗朗西斯科 · 何塞 · 德 · 戈雅—卢西恩特斯
时间 \ 1800 年
材料 \ 布面油画
时间 \ 97 厘米 × 190 厘米

“玛哈”，在西班牙语里意为“时尚的年轻女性”。戈雅的《裸体的玛哈》和《着衣的玛哈》是他最著名也是最受争议的两件杰作。它们的创作日期、赞助人的身份以及画中模特的身份至今仍扑朔迷离。

《裸体的玛哈》和《着衣的玛哈》的相关记录最早出现于1808年1月1日曼努埃尔·戈多伊（Manuel Godoy）的藏品清单中，戈多伊是当时的西班牙公爵，也是戈雅的重要的赞助人之一。在他的收藏清单中，“玛哈”被称为“吉卜赛人”（gipsies）。同年11月，在艺术评论家佩德罗·冈萨雷斯·德·塞普尔维达（Pedro Gonzalez de Sepulveda）的日记中，再次出现关于《裸体的玛哈》的记录，因为他去拜访了戈多伊公爵的住宅，他在日记中写道：“在公寓或内柜里，有各种维纳斯的作品……（其中包括）戈雅的一张裸体作品，没有特别的设计，也没有精致的色彩。”同时，他还看到了委拉斯贵支的那件著名的《镜前的维纳斯》。根据戈多伊当时的身份（在西班牙宫廷中身居要职）、他与戈雅的私人关系以及他对女性裸体画的偏好，许多研究都推测这

两幅“玛哈”很可能都是专门为他所画。另一种流行的观点认为，这两幅画是阿尔巴公爵夫人（the Duchess of Alba）的藏品，因为公爵夫人与戈雅的关系也甚为亲密。画家在拜访公爵夫人的乡村庄园时曾绘制了许多关于她本人及其家庭成员的作品，阿尔巴公爵夫人死后这些藏品被戈多伊收藏。

无论画中的模特是谁，这些作品是为谁制作的，戈雅的“玛哈”在他一生的创作中都是独一无二的。在西班牙，甚至在欧洲，在他的那个时代也是前所未有的。在委拉斯贵支的《镜前的维纳斯》中，女人仍然是被神话的，是与真实的世界相去甚远的理想化形象，而戈雅的“玛哈”是一位真实的、可以接近的女性，是一位躺在沙发上、没有任何伪装的裸体女人。也因此，《裸体的玛哈》在1815年引起了马德里宗教裁判所的注意，艺术家被传唤到法庭“确认这些作品，并声明这些作品是否是他的、出于什么原因、这些作品的委托人是谁，以及他的意图是什么”。遗憾的是，戈雅的声明至今尚未公开。五十年后的1865年，马奈受“玛哈”影响而创作的《奥林匹亚》也同样因为对道德伪善的挑衅，在巴黎沙龙展出时引发了激烈的讨论。

《1808年5月3日：马德里的枪声》

The Third of May, 1808: The Execution of the Defenders of Madrid

作者 \ 弗朗西斯科·何塞·德·戈雅—卢西恩特斯
时间 \ 1814年
材料 \ 布面油画
时间 \ 266厘米×345厘米

弗朗西斯科·何塞·德·戈雅—卢西恩特斯是一位西班牙浪漫主义画家，他被认为是18世纪末和19世纪初最重要的西班牙艺术家。他的绘画、素描和版画都反映了当时的社会动荡，并影响了19世纪和20世纪的众多艺术家，被称为最后的古典大师和第一位现代画家。

1808年，拿破仑率领法国军队入侵西班牙。在整个半岛战争期间，戈雅一直待在马德里。残酷的战争对他产生了深刻的影响，尽管画家从未公开表达过自己的想法，但从他的“战争灾难”系列版画、创作于1814年的画作《1808年5月2日：马穆鲁克斯的猛攻》和这幅《1808年5月3日：马德里的枪声》中，都可以看出他对这场战争的理解。这些作品中的主题，如精神错乱、精神病院、女巫、奇幻生物、宗教和政治腐败，都表明了戈雅对自己的身心健康以及国家命运的担忧。

在这幅《1808年5月3日：马德里的枪声》中，戈雅展现了一场悲剧性的处决。马德里人民一直激烈地反抗着拿破仑的暴行，但遭到了残酷的镇压——逮捕和处决在5月2日夜间和第二天早上持续进行。据说，居住在马德里郊区的戈雅从家中的窗户目睹了这场处决，他被所看到的一切激怒了，随后立即前往现场，在夜幕中点着蜡烛画下了草图。作品中，悲剧在夜色下的一座荒山上上演，受害者和刽子手之间的地面上，一盏巨大的灯笼照出了惊恐的、穿着白衬衫的人，他跪在地上，双臂高举。在他对面，一字排开的长枪以及步兵密不透风的冷酷队形，都渲染出这个时刻的恐怖。戈雅以独特的视角表现了功败垂成的无名英雄，并使这一悲壮的场景成为永恒。

《奇想集》第43页，《理性入睡产生梦魇》

The Caprichos, The Sleep of Reason Produces Monsters

作者 \ 弗朗西斯科·何塞·德·戈雅—卢西恩特斯
时间 \ 1799年
材料 \ 蚀刻版画
尺寸 \ 21.6厘米×15.2厘米

《理性入睡产生梦魇》来自戈雅出版于1799年2月6日的《奇想集》的第43页。这部版画集共有八十幅作品，描述了“一切公民社会的众多怪象和荒唐”。《理性入睡产生梦魇》是其中最广为人知的一页，戈雅用梦的意象来批判社会生活中的恶习。

从画面来看，工作中的戈雅睡着了，他的理智因沉睡而迟钝，他被梦中的黑暗世界包围而备受困扰。西班牙民间传说中与神秘和邪恶相关的各种动物将他包围起来，比如象征无知的驴、蝙蝠以及象征愚蠢的猫头鹰等夜间出没的鸟类。画家的头伏在桌子上，一只猞猁卧在椅子旁，抬头竖着尖尖的耳朵，瞪大了眼睛死死地盯着他，这象征着敏锐的视觉和头脑，同时也是对幻象的隐喻。到了18世纪，猞猁还象征着理性以及启蒙运动的分析性凝视，因为它能够看透事物的本质。

这幅版画的题目写在了书桌的正面，通常被解读为戈雅对启蒙运动价值观中“没有理性，邪恶和腐败将盛行”这一信条的坚持。戈雅还为这幅版画附上了一个副标题，可能进一步暗示了艺术家对创造性和理性的理解——非理性的幻象会催生怪物，但有了它，它就是艺术之母和奇迹的源泉。戈雅在作品中强调了睡眠和梦境中理性的一些新特质，这些特质在18世纪晚期被定义为一种具有创造性的想象力，这种想象力能够“向眼睛揭示人类头脑中的先验形式，只因启蒙的缺乏而一直被遮蔽，或者因为不受约束的激情而被扭曲”。创作《奇想集》时的戈雅已经失聪，这使他能够更加敏锐地洞察浮华世界表面下的真实。在这单色的版画世界中，戈雅借用怪诞恐怖的符号以及西班牙特有的黑色幽默和简洁的艺术语言，有力地揭示了人间的真相。

sueño
de la razon
produce

《午睡》或《庞贝景象》

The Siesta, or Pompeian Scene

作者 \ 劳伦斯 · 阿尔玛—塔德玛（Lawrence Alma-Tadema, 1836—1912 年）
时间 \ 1868 年
材料 \ 布面油画
时间 \ 130 厘米 × 369 厘米

劳伦斯 · 阿尔玛—塔德玛爵士是维多利亚时代极受欢迎的画家之一，他出生于荷兰，后移民英国。作为一位古典画家，他常常将慵懒的人物形象安排在天堂般的大理石建筑中，或是地中海明亮的碧海蓝天之间，并以擅长表现古罗马帝国的奢华和颓废而闻名。此外，塔德玛爵士还因其对物体纹理（如金属、陶器，尤其是大理石这种硬质反光物质）的写实刻画而被称为“大理石画家”。尽管塔德玛生前因杰出的绘画技巧和对古典文物的精湛描绘而受到广泛赞赏，但现代主义的兴起使他那些“保守”的古典作品在其死后声名狼藉。直到 20 世纪 60 年代，这些作品才因为它们在 19 世纪英国艺术中的重要性而被重新评估。

在这件《午睡》或《庞贝景象》中，一位老者和一位青年斜靠在长沙发上，前景中年轻貌美的女子正在吹奏双笛，人物的服装和古典的家庭场景都让人联想到古希腊。在这件作品中，塔德玛爵士塑造了一种折中主义的个人化的新古典主义，更接近英国拉斐尔前派的优雅

风格。在塔德玛那些细节完美的作品中，人物的服饰都严格地忠实于19世纪中叶庞贝古城的考古发现。画家对每一个细节，例如人物的服饰、建筑以及场景的真实性等，都进行过严格的审查。这种方式开始于其职业生涯的早期，塔德玛从大量的书籍中搜求图像，也从大英博物馆等博物馆的藏品中了解古物的细节，还通过许多意大利古代遗址的照片印证这些细节的真实性。在准确性和真实性之外，他的作品还展现出如荷兰黄金时代的古典大师般精湛的技艺和绚丽的色彩。作为当时享誉国际的艺术家，塔德玛影响了后来的欧洲艺术家古斯塔夫·克里姆特和费尔南德·赫诺普夫，这两位画家都将古典主题融入了自己的创作，并常常使用塔德玛非常规的构图手段，例如利用画布的边缘打破所画图像的完整性，使作品呈现出不规则的构图特点。

《沙滩上的男孩》

Boys on the Beach

作者 \ 华金·索罗拉（Joaquín Sorolla，1863—1923 年）
时间 \ 1909 年
材料 \ 布面油画
时间 \ 118 厘米 × 185 厘米

华金·索罗拉是一位多产的西班牙印象派画家。虽然索罗拉拒绝这样的归类，但他总是在作品中强调阳光的效果，表现出非常个性化的、轻松的现实主义风格。他热爱描绘洒满阳光的海滩生活，善于捕捉阳光下的欢乐瞬间，正如这幅《沙滩上的男孩》所展现的那样，鲜艳的色彩，无与伦比的自由、活力与随性，阳光照射在儿童湿润皮肤上的效果，都被索罗拉完美地转移到了画布上。

画面的构图呈现出摄影照片式的不完整，但作品也因此而获得了某种“即时性”的特征，静态的身体与动态的视觉感受之间达成了完美的平衡。前景中的男孩头抬得最高，他的后脑勺位于画面的对角线上，观众也跟随他抬头的动态进入作品，并顺着他的视线将目光投向第 2 个男孩，然后又看到瘫软在沙滩上的第 3 个男孩，这个孩子的身体几乎与画布的上边缘平行。由此可以看出，男孩的身体姿态随着他们与观众距离的拉远而逐渐放松，但他们身上的色彩强度却逐渐增强，从最近处的反射着紫红色光的白皮肤，到棕褐色皮肤，再到远处古铜色的红皮肤。此外，索罗拉还使用了绿松石色、蓝色、紫罗兰色和紫红色调，运用宽阔的笔触生动地表现了潮汐海水的动态。尤其精彩的是近处和中间这两个男孩在海水中的“双重倒影”（第 3 个男孩的投影已经不太明显），他们身体一侧被拉长的彩色影子是阳光和海水折射的共同作用，而他们身体正下方的暗影才是他们的倒影，呈现为紫罗兰色，这是艺术家在巴伦西亚正午强烈的阳光下观察到的。

1909 年夏天，索罗拉在巴伦西亚逗留了漫长却收获颇丰的三个月。在这段时间中，他画了一系列以“水中的孩子”为主题的画作，《沙滩上的男孩》是这个系列作品中最精彩的一幅，也从另一种视角展现出地中海独特的魅力。

图书在版编目（CIP）数据

世界博物馆全书. 第一辑/武湛主编；陈东维编著.—武汉：华中科技大学出版社，2024.1
ISBN 978-7-5772-0085-9

Ⅰ.①世… Ⅱ.①武… ②陈… Ⅲ.①博物馆－介绍－世界 Ⅳ.①G269.1

中国国家版本馆CIP数据核字（2023）第191141号

世界博物馆全书. 第一辑
Shijie Bowuguan Quanshu. Di Yi Ji

武湛 主编
陈东维 编著

出版发行：华中科技大学出版社（中国·武汉）　电话：（027）81321913
华中科技大学出版社有限责任公司艺术分公司　（010）67326910-6023
出 版 人：阮海洪

责任编辑：莽 昱 舒 冉
责任监印：赵 月 郑红红　封面设计：唐 棣

制　　作：唐 棣 邱 宏
印　　刷：深圳市精典印务有限公司
开　　本：889mm×1194mm　1/8
印　　张：77.5
字　　数：250千字
版　　次：2024年1月第1版第1次印刷
定　　价：1298.00元

华中出版
本书若有印装质量问题，请向出版社营销中心调换
全国免费服务热线：400-6679-118　竭诚为您服务